實戰智慧館 484

投資贏家的
領息創富術

穩穩領，月月配，年年加薪 7% 賺不停

郭俊宏　著

推薦文

讓投資收益像活水一樣源源不斷流進來

安納金（暢銷書《一個投機者的告白實戰書》作者）

本書作者曾經在科技業工作，靠股票賺到一筆大錢，但終究又大賠。德國股神科斯托蘭尼（André Kostolany）說過：「暴漲和暴跌是分不開的搭檔。」而股市就是一個由暴漲和暴跌輪流上場的黑道兄弟經常出沒的地方，常常揍得投資人鼻青臉腫。

我常跟朋友說，每一位投資人或許曾經在股市大賺過，但一定都有大賠過，因為暴漲或許有參與到，但暴跌一定跑不掉。這就是股市的特性：多頭緩漲可以慢慢漲，但是暴跌一次急殺，就跌回好幾年前的水準（美股在二〇二〇年三月份因為新冠肺炎疫情導致暴跌，讓道瓊工業指數重挫三八%，跌回二〇一六年十一月川普〔Donald John Trump〕選上美國總統那時的水準）。

倘若股市的空頭，純粹僅是帶來股價的暴跌，之後市場恢復正常、漲回原本水準，社會和經濟運作也都沒有改變，彷彿一切都沒有發生過一樣，那真是太好了！不過這又是一廂情願的幻覺（這才是從來沒有發生過）。

實際上，每一次的股市大空頭都反應著經濟的衰退以及產業重新洗牌，一定會有某些產業被淘汰，一定會有許多人的工作消失或職務被取代。就以二〇二〇年上半年這一次的新冠肺炎肆虐，使得航空運輸業產生極大的變革，居家工作和遠距學習的模式大幅擴張，原本高度仰賴購物人潮支撐營運的傳統零售業，也因結構性的轉變，預示著消費者的購物習慣或將大洗牌。

作者說：「如果失去了工作收入，你的錢可以讓你堅持多久呢？到底有沒有一種投資工具和方法能讓人投資得安心，甚至可以藉由投資理財收入，避開失業潮造成收入中斷的風險？」也因為作者深切體悟到此為理財的第一要務，於是努力朝向金融專業領域發展，希望能夠找到一套投資方法，讓每個月領息的被動收入夠高、而且夠穩定，這才得以兼備解決市場變動與職涯變數的唯一方法。

本書作者將多年的研究心得以及個人投資經驗，做一次完整的呈現，其內容揉合了債券ＥＴＦ、配息基金、特別股以及年金險的優點，打造出一個穩定領取月收益的投資組合，讓每一個人都能夠戰勝波動，讓個人財富的累積立於不敗之地。

當然，或許對於積極型投資人來說，追求每年七％的報酬率似乎不夠「過癮」（菸、酒、賭博，以及炒股，都是容易上癮而很難戒掉的事情），覺得「要好久才能讓財富翻一倍呀」，然而唯有能夠獲得夠高的被動收入，才是真正的自由。而不是為了財富卻要天天盯盤，隨時掛心所持有的股票漲跌而失去心靈上的自由——財務自由的真諦，這不是每位投資人所夢寐以求的嗎？

如果您想打造的是一個夠深、夠寧靜的湖泊水庫，那麼您需要的是源源不斷流進來的「活水」而不是瀑布。這本書是「性價比」很高的一本固定收益投資工具書，值得推薦給每一位尋求穩健收益的退休理財族參考。

顧善良、紀律、智慧與你我同在！

推薦文

四大天王，實踐理想人生的最佳利器

郭莉芳（財經講師、理財專家）

你想要什麼樣的人生？

五十五歲退休？工作倦怠時有炒老闆魷魚的勇氣？不必很有錢，但需要用錢的時候都不缺……總而言之，有錢就能任性。好吧，我承認，這是我想要的人生！身為本書作者郭俊宏的好友，我推薦大家好好讀這本書，因為書裡的四大天王，正是可以幫你我實踐理想人生的最佳利器。

在此，先恭喜好友俊宏出了新書《投資贏家的領息創富術》。我與俊宏相識超過十五年，當年我可是媒體中第一個採訪他的記者，看著他一步步邁向財務自由，心中很是羨慕。

在物質世界裡，只要有錢，基本上什麼都可以買得到，少數買不到的東西就是「時間」。然而，時間也是最公平的朋友，因為它給每個人每天二十四小時，因此得以為自己的未來付出努力，並決定未來生活的可能樣貌。

所以，請你再想一次這個問題：你想要什麼樣的人生呢？

時間花在哪裡，成就就在哪裡！

如果你也想要有優遊自在的人生，但沒有富爸爸加持時，或許你得開始收斂生活上的「小確幸」，例如每年都要出國玩一趟、手機推新款一定要排隊、到處蒐集米其林星級餐廳……除非你屬於年薪三百萬以上的高階白領，否則我可以預言，你離安穩的退休生活已經很遙遠。

長期推廣小資理財與退休理財的我經常極力呼籲：現在不節制，就是在預支未來；頻繁犒賞現在的自己，就是讓未來的自己變窮。

現在，幫自己預約一個美好的未來，動手列出計畫表，每個月要求自己存下一筆錢，投入可以領息的金融產品。除此之外，還要花時間多涉獵財經資訊，學習各種理財知識。如果真的沒時間，現在你有更好的選擇，那就是讀完《投資贏家的領息創富術》這本書，讓你可以將夢想化為行動，從最好入手的債券ＥＴＦ或是配息基金開始，著手布局領息四大天王，一步一步走出你的領息人生。

祝福大家，領息領到笑呵呵，也擁有隨時任性的底氣！

推薦文

低利時代的高息投資術

MissQ（投資理財專家）

在市場利率愈來愈低、股票市場波動愈來愈大的市場，很多投資朋友都認為投資難度大幅提升，但作者以自身多年的經驗，提出債券ETF、配息基金、特別股、年金險四種涵蓋股票、債券和保險的投資工具，打造出一個風險分散且低波動的高收息組合，不啻為投資人指出了一條退休規畫的路。

在利率走低不可逆的情勢下，不論你是積極型或保守型投資人，資產配置中必定要有部分投資在收息資產裡，為退休提供穩定的現金流。因此，建議想要準時退休或提早退休的人一定要參考本書中的高息投資術，透過各種投資商品組合創造高收益，實現夢想！

自序

每次市場的大起大落，就是一次財富重新分配的機會

寫這本書的時候是二〇二〇年，正好經歷了二〇一九年股市漲幅最甜美的時刻，美股的平均漲幅為二二至三五％，當時只要是談到美股的節目或YouTube，都能得到不錯的瀏覽量。不過，二〇二〇年一到，所有情況都因新冠肺炎疫情而反轉了，美股幾乎回吐了川普總統上任以來的所有漲幅，讓在二〇二〇年初才進場股市的投資人損失不少。

再把時間拉回到二〇〇二年底的ＳＡＲＳ疫情期間，以及二〇〇八年雷曼兄弟金融風暴。當時的恐慌情緒造成全球股市大跌五〇％左右，債市平均跌幅

也來到二〇至四〇%，每十年一次的市場大跌，好像成了投資人會互相提醒的潛規則。

「危機入市」考驗人性

有專家指出，「危機入市」是可以翻轉財富的好方法。其實回頭看看這些時期的股災，的確是每個人財富重分配的好時機。二〇二〇年六月疫情趨緩，全球開始實施大幅降息的貨幣政策及財政政策，寬鬆的貨幣政策讓美股回到疫情前的高點，短短不到半年，準備再次衝刺下一波高點的可能性又回來了，再次驗證了危機入市的確有機會讓財富大幅翻轉。不過現實情況是，在市場最悲觀時，大多數的機構都還在預測下一次大跌的可能性，又有多少人敢大膽將資產投入跌深的股市和債市？

我深刻記得，二〇〇八年爆發雷曼兄弟金融風暴時，當時花旗銀行（Citi

Bank）的股價跌到了一美元，幾乎面臨倒閉的危機。後來美國政府介入，成為花旗的股東後，股價迅速反彈到四美元，漲了四倍，我也成了當中的受益者。不過若從現在回頭看，二〇二〇年三月二十三日花旗集團的股價來到三五．三九元，早已獲利了結的我其實也不怎麼高明。

總結來說，「危機入市」、「當別人恐懼時，我貪婪」以及「逢低買入，逢高賣出」這些投資金句往往說得容易，執行起來卻著實不易，因為人性對於未來的不確定性或是賠錢的恐懼，往往讓人無法做出在市場下跌時進場的行為。因此，真正能堅持住心態、成為市場大贏家的，寥寥無幾。二〇二〇年肺炎疫情影響，連股神巴菲特（Warren Edward Buffett）都表示自己活了八十九年，第一次遇上十天內美股四次熔斷的狀況，也透露了些許恐懼和擔憂的感覺。

可以想像的是，連股神都沒見過的市場變化，未來只會變多而不會減少，更別提金融風暴足以讓許多人除了投資失利，也失去了工作收入。

讓被動收入解決不可預測的變數

如果失去了工作收入，你的錢可以讓你堅持多久呢？到底有沒有一種投資工具和方法能讓人投資得安心，甚至可以藉由投資理財收入，避開失業潮造成收入中斷的風險？我認為透過月領息的被動收入投資方法，會是解決這些變數的唯一方案。想像一下，人生如果可以一邊工作、一邊開始投資就領息，透過領息收入規畫人生的每一步，這應該是許多人夢寐以求的生活。

在我二十多年的投資路，我找到了「債券ＥＴＦ」、「配息基金」、「特別股」和「年金險」這四大領息天王，因為它們，讓我達成提早退休的夢想。我將一路操作所理出來的心得以及方法寫成這本書，將複雜的金融知識轉換成簡單又能實際操控的領息攻略，希望透過這本書，讓你也能夠邊投資領息邊享受人生。

投資贏家的
領息創富術

穩穩領，月月配，
年年加薪7%賺不停

目錄

前言

理財規畫，是為了活得更無懼

正當你我汲汲營營地追求財富成長的同時，全世界正悄悄萌芽一種讓個人財務陷入「溫水煮青蛙」的流動性陷阱中。若不好好面對，可能會讓人無法做好提早退休的規畫，甚至無法應付突如其來的經濟變數。

二十四歲，還是個社會新鮮人，剛開始理財，學到的是收入支出的分配，把收入的三〇%拿去投資，六〇%作為日常支出，剩下的一〇%則買一份風險保障，隨時提醒自己不要過度消費，不要借錢投資。這是我年輕時學到的理財知識。我們買房子時申請房貸，或者急需用錢時申請信貸，但如果沒有穩定的工作收入，仍可能借不到錢，因為銀行會檢視我們的收入繳息比是否合理，這種現象在景氣不好時尤其明顯。

二〇二〇年上半年新冠疫情嚴重時，一位專門負責信貸的資深業務告訴我，在這種全球經濟陷入恐慌的時候，許多計程車司機想借錢應急卻很難借到錢，原因是收入不穩定。有人會說，這不就是晴天借傘的道理嗎？是的，如果你沒有穩定的收入，就算再怎麼口頭保證會準時還錢，銀行還是不會優先借錢。所以，既然沒有工作收入，就需要源源不絕的被動收入。

消費模式改變，加大流動性陷阱的坑

現在很流行所謂的訂閱經濟及線上分期付款的消費模式，這種商業模式帶給企業全新的獲利商機並提高了業績，卻也造成個人的財務支出壓力，因為我們的生活已悄悄地被許多綁約的商業模式給約束了。

以我自己為例，我為了節省更多的健身房費用，加入了三年會員，每個月必須支付一千三百八十八元，直到合約期滿，我等於有了整整三年近五萬元的負債。另外，5G時代的來臨，動輒三、四萬元的手機價格變得普遍，為了減輕負擔也怕上網傳輸量爆增，我乖乖地配合電信公司綁約二十四個月，以一個月吃到飽的月租費一千三百九十九元計算，我又有了將近三萬五千元的負債，一樣不能停扣。而在資訊爆炸的時代，不充實自己就超沒安全感，為了不想漏看每一本財經雜誌，我又付錢訂閱了電子雜誌，滿足一次看遍所有雜誌的需求。問題是，我看得完嗎？只能說買個心安，安慰自己以後總有時間看。

於是，除了日常生活開銷，不知不覺已被這些號稱每個月只要付少許錢就能輕鬆享受的服務促銷給綁住了。企業因為消費者付費綁定服務，因此可以有效預估未來幾個月甚至幾年的獲利規模，提升了相關類股股價上漲的潛力。但對我們有什麼好處？除了降低大筆消費的壓力，這種消費模式卻緩步墊高了我們每個月固定支出的預算及負債。

不管是訂閱經濟或分期付款，消費的分期模式不僅增加我們的負債成本及每個月的必要開銷，也讓我們少了更多預算可以投資生錢。就好像企業因為負債成本增加而使得賺的錢變少了，或者一旦負債高於收入，就會像公司債券一樣容易繳不出利息，結果導致違約。然後就像「溫水煮青蛙」一樣，可流動的現金不斷減少的狀況，把自己的「流動性陷阱」坑洞愈挖愈大。

資金不足，錯失財富成長的良機

我們來看看下面的例子。

二〇二〇年三月十六日，美國聯準會一口氣降息了四碼❶，此舉反而造成美股大跌，金價和美國公債也跟著下跌，大出投資人的意料之外。由於降息的動作通常是為了刺激股市的利多，為什麼反而造成股市崩盤呢？原因就在於一口氣降息，表示市場資金的流動性不足，必須大量釋出資金，解決市場和企業的資金荒。所以，市場解讀這個動作表示代誌大條了。股市應聲下跌，導致貨幣政策也失靈。

這個現象正好符合了英國經濟學家凱恩斯（John Maynard Keynes）提出的「流動性陷阱」現象。當市場出現大動作的貨幣寬鬆政策時（例如降息），原本預期會增加貨幣的供給，帶動國內的投資及消費，觸動景氣上升，對具有領先指標效果的股市帶來利好的結果。但因為利率調降的幅度過於頻繁或太大，導致投資人預期市場經濟相當疲弱，擔憂未來經濟可能更糟。結果寧可把錢存起來不敢投資，使得股市不但沒有受益，還造成更大的恐慌下跌，就連黃金、公債的避險作用也失靈了。

就在美國聯準會降息四碼後三天，台灣央行也調降重貼現率一碼，主要目

❶ 一碼為〇．二五％，降息四碼即調降了一％的利率。

的不是為了刺激經濟，而是要維持企業的營運，減輕家庭財務負擔，屬於防範性措施。如果中小企業無法繼續營運，最終恐將演變成斷鏈現象並導致失業，屆時連個人都會遭到重創。後續推出的企業紓困方案、放寬企業借款條件，怕的就是企業因為現金流動性不足而倒閉的結果。

根據統計，一般中小企業的現金流大概只能支撐一到三個月的營運開銷支出。若超過三個月但營運收入不見起色，接下來企業違約、倒閉的風險就會大大增加。一旦企業違約或倒閉，就會讓許多家庭或個人面臨失業的問題。失去工作收入的大多數人，也會和企業一樣陷入流動性不夠的風險，能存下來的錢都不夠用了，更不用說投資。

試想，萬一你失去了工作，你可以從容地應付這突如奇來、不可預知的財務變數嗎？如果可以，又能維持多久？當市場急跌的時候，本來應該逢低進場，等待市場反彈時賺取超額報酬，卻因為手中應付固定開銷的資金不足，反而必須賣出虧損的資產，造成更大的損失，失去了財富成長的大好機會。

簡單來說，未來面對投資時，我們不僅要承擔股市大起大落的資產下跌風險，還有留意與我們切身相關的流動性陷阱。

領息收入是避開流動性陷阱的最佳選擇

四十歲前的我總是汲汲營營地追求工作收入的極大化，犧牲了和家人的相處時間及自身的健康。也因為工作壓力大，滿腦子想著要快速致富，期許透過大量風險性投資，賺取更快速、幅度更大的資產。但往往事與願違，很多時候只是紙上富貴。

曾有位資訊業前輩對我說，他四十多歲時因為自己年輕時創業的科技公司上市，讓他一度成為億萬富翁。但因市場的變化，股價大幅修正，「億萬富翁」變成他生命中的一段回憶。不過他很坦然接受這一切，他說：「其實人一輩子賺多少錢，到了生命最後一刻，沒花完也帶不走，夠用就好。」這句話我牢牢放在心上，也是我投資理財路上時刻遵循的金玉良言。

我認為，在「追求財富成長」、「平衡的人生」和「穩健的收益」這三件事上，其實是可以兼顧的。

試想，人生中的許多開銷大都是每個月的花費，例如房貸、子女教育金、水電費等，所以，我們只要透過投資理財，讓自己每個月或每年都有源源不絕的被動收入，而且是穩健的領息收入，當領息收入大過每個月的開銷支出時，就算沒工作收入也還是有錢花，這不就是一種財務自由？既能建立穩定的現金流，也避開了未來財務流動性的陷阱。

市場大起大落的不安全感，未來只會變本加厲

回到二〇一九年底，當時股市已進入歷史相對高點，但仍未看到有任何金融危機或即將走壞的經濟數據，提醒我們股市即將大跌。二〇二〇年，新冠肺

炎造成恐慌性的賣壓，股債市災情不斷，連思考要不要賣掉手中持股的時間都來不及反應，當時大家的疑問是：靠投資真的可以賺錢嗎？

每十年一次的金融風暴[2]，好像已經成為既定的潛規則。二〇二〇年初，有次我和某位主持人聊天，談到彼此對目前資產配置的想法。因為二〇一九年的股市大好，讓大多數的投資人仍看好二〇二〇年的股市行情。主持人說，她反倒抱持相反意見，目前幾乎滿手現金，等著二〇〇八年後的另一次金融風暴來臨。那時疫情尚未爆發，這只是個玩笑對話。

沒想到過了一個新年，股市一開盤，就開始了一連串懸崖式的崩跌，我猜想這位主持人應該如她所說已經逢低進場，但事實上，有多少投資人能像她一樣？大多數已進場的投資人連賣基金、賣股票都來不及。可以說，市場變化總

---

❷ 金融風暴大都屬於系統風險，一旦發生，幾乎所有資產都會面臨短期大幅虧損的狀況，是無法透過投資組合來分散的風險。此時，各國通常會採取必要的貨幣及財政政策，刺激景氣復甦。

圖 1 全球近 20 年重大事件與 S&P 500 股價變化

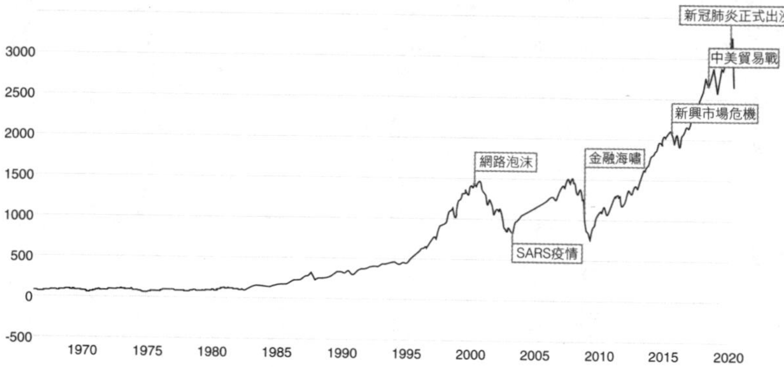

資料來源：MacroMicro 財金 M 平方

是迅雷不及掩耳，但人們對於市場的掌握度卻總是慢半拍。

從圖1可以看出全球這二十年間所發生的重大事件與危機，以及這些重大事件對照美股 S&P 500 股價的變化。從圖中來看，每一次的重大事件確實都讓股市大跌，但也多在跌深後反彈，你我都知道這個結果。二〇二〇年甫發生的新冠肺炎，若拉長時間往後看，可能依然是這樣的結論。

不過如果發生的頻率愈來愈多，大跌的幅度愈來愈高，年輕時或許還有時間復原，若是即將面臨退休，我們還能這樣輕鬆看待嗎？

面對接下來更多市場未知的風險，只靠勞力賺來的薪水是跑不贏市場波動和通貨膨脹的，所以我們除了更努力工作增加工資收入之外，最好的解決方法之一就是增加一份本金生錢的領息收入，如此就算市場波動再大、工作收入斷炊，還是能讓財富累積立於不敗之地。

而既然未來市場大漲大跌的機率可能加速到來不及反應，我們更應該改變投資策略和目標，從只由資本利得中追求資產增值，轉而追求穩健且看得到的配息收入目標。

所以接下來，我將針對可以創造穩定現金流的領息收入四大工具——債券ETF、配息基金、特別股和年金險，分別進行解析與實際操作，希望透過我的說明，可以幫助你找到適合自己的領息投資組合。

這些領息工具的特色大多數比個股的波動來得小，即使遇到金融風暴，淨值下跌幅度也較小，還能穩定領息，本金也較快回穩，更能對抗未來通膨的壓力，以及擔心活太久卻沒錢用的風險。

現在，一起進入「領息收入」的殿堂吧。

第一部

透過領息四大天王，三十歲前坐擁配息，不愁吃穿

問自己一個問題：如果一直不工作，手邊的錢可以讓你堅持多久？

二〇二〇年的疫情，讓美國四月份的非農就業人口少了兩千零二十五萬人，也就是說，每五人就有一人失業。這讓我想起二〇一〇年歐洲經濟蕭條、失業率創新高的時候，我跟團去了一趟西班牙。導遊說，因為當地失業率超過十五％，所以歐洲政府規定，每個團都必須配備一個當地導遊，以減緩失業人口的困境。

但若利率愈來愈低，物價持續上漲呢？人們要面臨的恐怕是資產的大縮水，甚至可能因為金融危機引發的失業潮造成收入中斷。因此除了開源節流，藉由投資領息可能是因應未來的必要做法。

讓領息四大天王搞定個人財務管理

然而領息產品滿天飛，哪一種才是最好的呢？其實，每種投資工具都各有各的特色，若能善加利用，往往能帶來無往不利的效果。就連投資型保單也有投資型年金險可以選擇，就算不投資，也還是可以選擇領取固定年金的方式，隨時因應未來市場的變化進行調整。有句話說得好，沒有所謂最好的金融工具，最適合自己的就是最好的。

既然市面上可以選擇的領息商品這麼多，為何獨獨選中「債券ＥＴＦ」、「配息基金」、「特別股」和「年金險」這領息四大天王呢？假設我們期望每個月的領息收入能有三萬元，從表1可以看出各種不同領息商品大約需要準備的本金。

以二〇二〇年台幣一年期定存來看，雖然具有保本作用，但因利率過低，大約需要準備四千五百五十七萬元的本金，才能領到每個月大約三萬元的利息收入。而不同幣別的終身儲蓄型保單利率雖然比定存略高，仍需準備至少一千八百萬元。至於房租收入，以配息率的概念換算大約是二至四％，但也有找不到好房客和房貸成本的壓力。

表 1 不同領息商品所需準備的本金比較表

（假設目標領息收入為每月 3 萬元）／比較基準：2020 年

領息工具	約需準備本金[1]	預期配息率	本金漲跌風險	領息收益的風險
台幣一年期定存	4557 萬	0.79%	保本	通貨膨脹高於利率的風險
終身儲蓄型保單[2]（各種幣別）	1800 萬	1.25~3.25%	保本／低	非台幣計價需考慮匯率風險，至少需累積六年
房租收入	1800 萬	2~4%	中	需考慮找不到房客及房貸利息成本
特別股股利	1000 萬	3~4%	中	風險介於股票和公司債之間
股票股利	1000 萬	3~4%	高	可能不配股利
利變型年金險	1000 萬	3~4%	保本	利率升降的變動
債券 ETF	1000 萬	3~6%	中	配息非固定，需考慮匯率風險
債券型配息基金	600 萬	5~7%	中	配息非固定，需考慮匯率風險
股票型配息基金	600 萬	5~8%	高	配息非固定，需考慮匯率與市場風險
終身型長期看護險[3]	66 萬 ~92 萬	1.75%	無	需符合理賠條件，並考慮保險公司財務風險

註 1：本金計算皆取其配息率的大約平均值。

註 2：終身儲蓄型保單的本金是以加總每年總繳保費來計算。

註 3：長照險保費以 40 歲的男性和女性試算，加總 20 年計算。

從上表的比較並根據市場的變化、理財目標的需求來看，我總結出一個結論，那就是若想要提早退休、安心領息，就需要有能夠因應各種市場風險的領息工具，具備的條件包括：

一、透明度高，交易成本低。
二、靈活度高，配息極大化。
三、坐擁股票收益，不用擔心股價波動大。
四、抗通膨又鎖利，活到老領到老。

這也是我為什麼選出債券ＥＴＦ、配息基金、特別股及年金險的原因。在正式進入領息四大天王之前，我先簡單說明這四種領息工具的特性，方便你在後續章節進行深入了解時能馬上抓住重點。

透明度高，交易成本最低——債券ＥＴＦ

首先，就從指數化投資討論熱度相當高、市場投資規模噴發式成長的ＥＴＦ開始講起。

ＥＴＦ已逐漸成為大多數投資人熟悉的投資工具，各大券商紛紛推出不同類型的ＥＴＦ，例如原油ＥＴＦ、S&P 500 ＥＴＦ、台股ＥＴＦ（例如元大台灣50〔0050〕、元大台灣高股息〔0056〕），以及不同類型的債券型ＥＴＦ。根據前面提到的四大條件，債券ＥＴＦ的最大特色就是透明度高，交易成本相對較低，我們很容易就可以從發行機構查到投資標的內容和占比。因為大多是以追蹤相關指數為主，因此指數漲的時候，ＥＴＦ也漲，指數跌的時候，相關聯的ＥＴＦ就跌。

此外，債券ＥＴＦ屬於被動式管理，少了主動式基金經理人或團隊的管理，因而少了大部分的基金管理成本，只剩下保管費和追蹤指數的管理費用。

因此，投資ＥＴＦ不像主動式基金的目標在追求超越大盤，有可能因為經理人或操作團隊的喜好和管理方式，導致績效高於大盤或低於大盤。也因為主動式基金績效可能跑輸大盤，因此投資ＥＴＦ追隨大盤的表現，反而更加省心省力。

第一章將針對國內發行的債券ＥＴＦ特色深入剖析，並從中挑選出可以幫你打造具備低成本、透明度高的債券ＥＴＦ標的。最後，再教給你如何打造屬於自己的黃金領息投資組合。

靈活度高，配息極大化——配息基金

如果說ＥＴＦ具備透明度高、成本低的好處，那麼主動式管理的配息基金是否就毫無優點？其實不然。配息基金的最大優勢應該是靈活度相當大，除了每月配息之外，相較於債券ＥＴＦ有更多選擇性，例如可以選擇美元、歐元、澳幣或人民幣等不同計價幣別。

配息基金的另一個好處就是配息極大化。因為債券ETF的配息來源單純就是配息收益，配息基金的配息來源除了配息收益之外，還有資本利得，甚至包括貨幣避險時可能發生的選擇權權利金收入。

如果想要提早退休或幫自己每月加薪，在預算有限的情況下，配息基金可以用比其他投資工具還低的金額購買，甚至採取定期定額投資。第二章將挑選出三檔配息率較高而且穩健的債券基金，教你如何讓基金配息極大化。

坐擁股票收益，又不用擔心股價波動大——特別股

有個退休的長輩說，他買股票就只買金融股，不過還是會留意其他公司的股價。原因是他的退休金雖然全買了金融股，但又怕股市波動太大，留意其他股票價格會讓他安心一點。

的確，有許多人選擇存股來提早退休，但對於用股票作為退休金來源的投資人來說，股價的跌幅可能會被放大好幾倍來看待。那麼，有沒有具備股票特

質、有機會穩健地領取高收益股息，又能參與股市上漲時的增值空間，適合退休族規畫的投資工具呢？

當然有，就是特別股。第三章將分享金融特別股的內涵，並針對參與投資的方式做詳細說明。

唯一抗通膨又鎖利，活到老領到老——年金險

如果有一種理財工具比銀行定存利率高又保本，需要用錢時還能隨時把錢提領出來用；步入退休生活時，可以選擇何時開始每年或每月或每季領一筆錢，然後時間一到，錢就匯到你的帳戶；利率上漲時，這筆錢會貼心地再多給你一些。有這麼多好康的，就是「年金險乙型」。

重點是，活多久就能領多久，儘管已經領超過本金，你的戶頭裡還是會準時收到錢。對於已經退休的人來說，不用擔心會有活太久但錢不夠用的困境。唯一可能的風險，就是保險公司倒閉。

看到這裡，你或許覺得，有這麼好的保險商品，其中一定有陷阱！為什麼保險顧問從來沒提過？

我在第四章將詳細說明年金險的特色與購買注意要點，讀過之後，你就會知道如何幫自己規畫了。

01 債券ETF透明度高、交易成本低，讓你輕鬆上手不燒腦

認識配息債券ETF

ETF的全名是Exchange Traded Fund，若直接英翻中，有人稱「交易所買賣基金」，也有人叫它「被動式基金」。有別於一般的主動式基金（或稱開放式基金），ETF少了基金經理人或基金管理團隊的主動管理，是一種被動追蹤指數的投資工具，可以在證券交易所直接買賣，和個股的交易方式相同。

這樣說來，ETF和主動式基金最大的差別就是，ETF可以像個股一樣

在盤中進行交易，買到當下即時價格，主動式基金則以當日股市收盤後的價格為當日淨值。那麼，在市場波動大的時候，這兩種交易方式會產生什麼樣的差別呢？

基金投資大部分是以長期投資為主流。不過若是遇到全球股災，引發全面性的崩盤，主動式基金的交易結果和ＥＴＦ就大不相同。我們以下列兩種情境說明。

情境一，主動式基金的交易方式：以境外基金為例，假設美股大跌兩天，小Ａ覺得急跌後有反彈的機會，於是當天在網路上申購單筆美股境外基金。沒想到隔天美股反彈，小Ａ慶幸著搶到了反彈的契機。事後小Ａ拿到交易明細一看，原來境外基金的買入計算淨值是以Ｔ＋１日來計算，也就是用買入當日加一天（即隔天）的淨值計算。想當然耳，小Ａ並沒有搶到反彈的好處。同樣的，賣基金也是以Ｔ＋１日來計算，即以賣出隔天的淨值計算，如果本來希望

圖 2 ETF 具有交易彈性、選擇多樣的特性

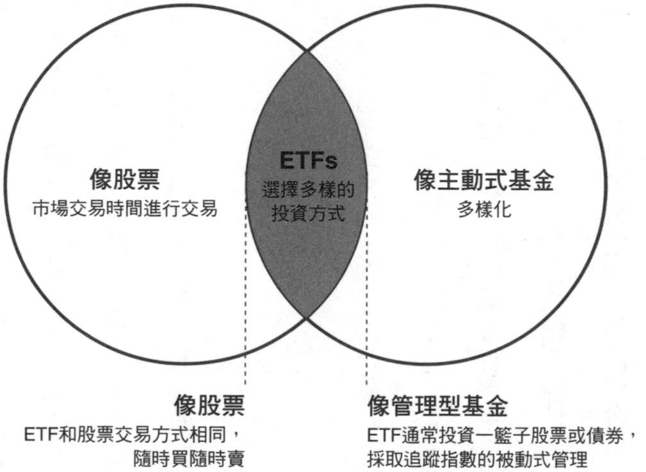

賣出的時間是淨值上漲的好時機，結果可能賣在隔天淨值下跌的時候。這在二○二○年全球疫情大爆發或全球市場急漲急跌的時候，很容易發生類似情況。

情境二，ＥＴＦ的交易方式：如上述，假設美股大跌兩天，小Ｂ估計即將反彈，於是他在交易時間買到了一檔ＥＴＦ，他買到的就是當下的即時價格。同樣的，當他想賣出的時候，也是在交易時間以盤中價位賣出，不用等到隔日的盤後淨值。

從這兩種交易方式來看，你是否會認為ＥＴＦ比較適合短線交易，而不適合作為長期投資工具來持有？其實不然，根據貝萊德基金公司統計，大概八○%的ＥＴＦ持有投資人，平均都持有六年以上。如果想要調整資產配置或快速獲利了結或停損，ＥＴＦ相對比較有彈性。

在台灣，ＥＴＦ大多數是由投信機構發行。你可以從交易所掛牌的ＥＴＦ標的名稱中看到投信公司的名字，例如元大台灣50（0050）、群益十五年期以上新興市場主權債（00756B）、富邦A級公司債（00746B）等。

投資ETF的相關費用

既然是交易所買賣基金，那麼在台灣買賣ETF所收取的費用就等同於股票的相關費用。我們可以在「投信投顧公會」的網站中，查到每檔基金的相關費用，這裡就以元大台灣高股息（0056）以及元大投資級公司債（00720B）來做比較。

元大台灣高股息（0056）為股票型ETF，它的內含費用大約是〇・〇三％，其中包含了經理費和其他費用。而元大投資級公司債（00720B）為債券型ETF，內含費用大約是〇・〇二％，較股票型ETF便宜。而一般主動式基金的內含費用率平均大約在一到二％以上。相較之下，債券ETF的費用省很多。

債券ETF的特性與好處

如果從年輕時就開始投資主動式基金，也就是所謂的開放式基金，大多知道一般從基金名稱就能辨識出該檔基金的投資標的，有了這樣的基礎，再來入手債券ETF反而更容易駕輕就熟。透過接下來介紹的債券ETF三大特性與好處，你就能理解為什麼這種投資方式會更令人放心。

一、更多分類的被動式管理方式，掌握度更高

ETF的目標是追蹤指數，並非想要跑贏大盤。例如投資元大台灣50（0050），目的是想要跟著台灣加權指數的上漲而獲利，追求的是比較可以預期的報酬。如果是債券ETF，追蹤的則是不同類型的債券指數，相對來說，掌握度會更高。例如，光是投資等級債券指數就可以細分為AAA、BBB等不同投資等級，甚至再分類到不同年期或產業別，對投資人來說，就可以根據

市場的不同情況來挑選適合自己的投資標的。

二、透明度較高

透過每一檔債券ETF投資資訊的揭露，你可以很清楚地知道自己的錢投資在什麼標的上。相較於主動式基金有基金經理人操盤，因此調整投資組合較有彈性，但也因為調整的變動不用隨時揭露給投資用戶知道，其資訊也比較不透明。

前面提到，由於債券ETF追蹤的是債券指數，所以投資人可以因應市場變化來進行調整。例如投資的是美國公債ETF，那麼聯準會利率的升降就會是重要的參考依據；而在景氣不好時要投資AAA級公司債ETF還是BBB級公司債ETF，你會清楚知道，信用評等較高的AAA級公司債ETF會比BBB級的風險來得低。

關於信用評級，你可以把它想像成一個人的信用紀錄。一般的公司債分成

「投資等級債」和「非投資等級債」（又稱為高收益債或垃圾債），AAA和BBB都是屬於投資等級債。AAA的信用評等最高，其次是AA、A、BBB、BB……依序往下，BB、B、CCC及以下則屬於非投資等級債。投資等級債的違約率平均約在〇・五%，CCC及以下通常表示違約風險高達二〇%以上，而高收益債的違約率平均約在二至一〇%。違約率愈高，表示借錢不還的風險愈高。

三、平均的總開支比率不會超過〇・五%

所謂「總開支比率」（Total Expense Ratio, TER），指的就是一般基金報表裡會列出的總費用率。愈來愈多基金或ETF投資人會參考這項指標，畢竟在預期未來市場波動加大的情況下，高費用率會更快速地侵蝕投資人的報酬收益。好消息是，由於資產管理這個產業的競爭愈來愈激烈，總開支比率似乎有愈來愈低的趨勢。

台灣在二〇一七年才開放債券ETF，至今不過短短三年就發展迅速，一個很大的誘因是，債券ETF的平均總開支比率比股票ETF低。根據晨星（Morningstar）機構的調查統計，不同投資區域別的配息債券ETF總開支比率中，新興市場占比最高，接近〇．五％，歐洲相對最低。

相較於主動式基金的經理費和保管費相加動輒一．二至一．六％，債券ETF整整少了一％。以長期投資的角度來看，一年省一％，還高於定存。也就是說，省下愈多的交易和管理費，甚至稅務支出的費用，都是在提高投資報酬率。

投資債券ETF的風險

說了那麼多ETF的特性及好處，當然也得了解它的投資風險才行。尤其如果打算以債券ETF作為提早退休的規畫工具時，那麼以下四個風險必須特別留意。

一、規模太小，容易被清算

近幾年來ETF大流行，愈來愈多人參與「存債領息」。但是新發行的ETF那麼多，歷史資訊到二〇二〇年頂多只有兩、三年，就算發行前期有發行構構撐腰，但事實上，還是有可能出現下市的危機。投資人可以定期檢視ETF的三個數字，適時進行汰弱留強，調整資產配置組合，就能預防面臨下市危機。

首先，現行規定ETF近三十日的平均規模若低於「一億元」，便符合下市條件，除了發行機構必須在官網公開提醒投資人注意事項之外，是否撤牌由投信決議。因此，選擇規模愈大的ETF，相對會比較安全。

其次，交易日均量若低於「兩百張」，表示對該檔ETF有興趣的人不多，這就要留意未來在流動性上的問題。

最後，持有該檔ETF的投資人若在「三百人」以下，就是一個警訊。

不過，換個角度思考，其實在挑選ETF時，只要避開以上三個數字，就能避開下市的風險了。

但如果ETF真的下市了會怎樣呢？當發行機構決定下市時，通常市值會相當於淨值。舉例來說，假如某檔ETF的盤中交易價格、也就是市值是兩元，淨值為三元，這時你可以選擇不賣，等到下市時，發行機構清算後的淨值也就差不多是三元，以此等值的金額還給投資人。

二、**流動性太差，不容易賣掉**

說到這裡，就不得不提主動式基金的最大優點，那就是隨時想贖回時，基金公司都得無條件地把市場上的標的賣了，或者用其手頭上的現金部位，把贖回的金額直接匯到你的帳戶。不過，除了元大台灣50（0050）、元大台灣高股息（0056）這類股票ETF的日均交易量都有到萬張以上的機會，通常債券

ETF的成交量都不高，因為會買債券的人自然都是在追求穩健的收益，而不是短期的價差。

要評估ETF的流動性，可以從下列兩個交易資訊來判斷：

（一）平均買或賣的價差（即ETF買入價和賣出價之間的價差）：一般來說，價差愈少，ETF的流動性就愈高。我們可以從圖3的兩張即時交易買賣價格看出，上圖的A檔ETF賣出價格為四五．二一、四五．二四、四五．二五、四五．二六及四五．二七，而下圖B檔ETF的賣出價格為四八．四六、四八．七六、四八．八五……，由此可以推論，B檔的流動性較A檔來得差。

（二）平均成交量：成交量愈大，ETF的流動性就愈高。同樣的，看看圖3的兩檔ETF，A檔的成交總量是一千一百一十六張，B檔是一百二十七張，由此可知，A檔的流動性高於B檔。要留意的是，如果投資的總金額較

圖 3 買賣之間的價差愈窄，流動性愈高，反之則愈低。

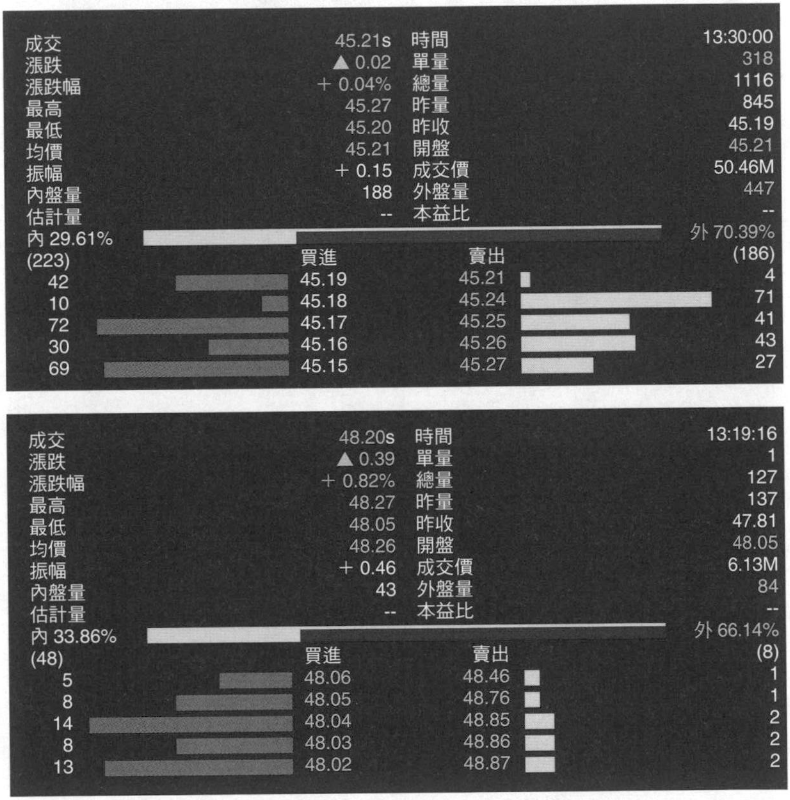
成交 45.21s 時間 13:30:00
漲跌 ▲ 0.02 單量 318
漲跌幅 + 0.04% 總量 1116
最高 45.27 昨量 845
最低 45.20 昨收 45.19
均價 45.21 開盤 45.21
振幅 + 0.15 成交價 50.46M
內盤量 188 外盤量 447
估計量 -- 本益比 --
內 29.61% 外 70.39%
(223) 買進 賣出 (186)
42 45.19 45.21 4
10 45.18 45.24 71
72 45.17 45.25 41
30 45.16 45.26 43
69 45.15 45.27 27
成交 48.20s 時間 13:19:16
漲跌 ▲ 0.39 單量 1
漲跌幅 + 0.82% 總量 127
最高 48.27 昨量 137
最低 48.05 昨收 47.81
均價 48.26 開盤 48.05
振幅 + 0.46 成交價 6.13M
內盤量 43 外盤量 84
估計量 -- 本益比 --
內 33.86% 外 66.14%
(48) 買進 賣出 (8)
5 48.06 48.46 1
8 48.05 48.76 1
14 48.04 48.85 2
8 48.03 48.86 2
13 48.02 48.87 2

資料來源：富邦證券

大，尤其可能動用到退休金，想要一次性買入或賣出大筆ETF，那麼成交量愈大，買入或賣出的速度與價格彈性相對會比較高。

三、ETF存在溢價和折價的空間

透過交易所買賣的ETF有市價和淨值兩種價格，所謂的市價和淨值會有差別，買賣ETF標的時，會因為供求情況而產生溢價或折價的空間。

白話來說，就跟股票一樣，公司的資產淨值和股價通常是不同的，投資人往往因為看好該股票的未來潛力，而願意以較高價格購買，導致股價的市價高於公司的資產淨值，於是產生溢價的空間。相反的，若投資人不看好該股票的未來成長，就有可能造成市價低於資產淨值，產生折價的空間。

圖4為二〇二〇年五月二十二日元大投信六檔ETF的市價和淨值數據。從圖可看出，S&P 石油（00642）的市價遠遠高於淨值，S&P 500（00646）的市價低於淨值，而 S&P 黃金（00635）、台灣50（0050）、台灣高股息（0056）

和投資級公司債（00720B）則是市價和淨值差不多。特別是債券ETF比較沒有太多的折價或溢價空間，普遍差距不到一%。

所以，當債券ETF的折價或溢價高於三%，就要留意該檔ETF的折溢價風險。

圖 4 債券 ETF 折價或溢價空間不大

代碼	商品	買進	賣出	成交	漲跌	漲幅%	單量	委買
>00642U	元大S&P石油	9.40	9.41	9.40s	▼0.24	-2.49	1906	1...
00642UN	元大S&P石油估計淨值	--	--	6.48s	▼0.31	-4.57	0	0
00646N	元大S&P500估計淨值	--	--	27.01s	▲0.06	+0.22	0	0
00646	元大S&P500	26.70	26.72	26.70s	▼0.31	-1.15	31	1
00635UN	元大S&P黃金估計淨值	--	--	24.67s	▲0.26	+1.07	0	0
00635U	元大S&P黃金	24.52	24.53	24.53s	▼0.15	-0.61	50	35
0050N	元大台灣50估計淨值	--	--	83.03s	▼1.57	-1.86	0	0
0050	元大台灣50	82.95	83.00	82.95s	▼1.55	-1.83	249	399
0056N	元大高股息估計淨值	--	--	27.36s	▼0.40	-1.44	0	0
0056	元大高股息	27.45	27.46	27.45s	▼0.18	-0.65	402	561
00720BN	元大投資級公司債估計淨值	--	--	45.32s	▲0.13	+0.29	0	0
00720B	元大投資級公司債	45.19	45.21	45.21s	▲0.02	+0.04	318	42

資料來源：富邦證券

主動式基金的淨值價格則要到股票市場收盤之後才會算出，因此每天只有一個收盤後的基金價格。雖然交易所買賣基金會因報價形式的不同，使得ETF的價格在盤中變動，但這不代表投資風險更高。

有些人認為，ETF的溢價助長了股市的泡沫，不過嚴格來說，應該是ETF的被動式管理特性，使得許多根據指數選擇的標的，大都是不同產業中市值大的龍頭股。結果這些大公司的股價愈捧愈高，景氣好的時候，公司獲利持續成長，更會受到被動式投資的ＥＴＦ投資人追捧，那麼股價自然水漲船高。相對的，景氣不好時，投資人大量贖回ＥＴＦ，也會造成股價大幅波動的機率。

四、稅務成本

如果上網透過海外券商直接購買境外股票或債券ＥＴＦ，例如美國股票或債券ＥＴＦ，其股利和配息收益可能會被預扣三〇％的就源扣繳所得稅，也就是在發放配息或股利時就先行扣除稅額，然後再發給投資人。關於不同資產的預扣稅率，請見表２。

曾有即將退休或已經退休的朋友問到，聽起來ＥＴＦ的投資標的透明度高，相關費用及成本也比一般主動式基金便宜，但以退休的角度來看，因為追求的是長期穩健，不太會有頻繁交易，所以除了留意稅務成本，交易成本應該

表 2 投資美國資產的就源扣繳預扣稅率

資產種類	股利	利息	資本利得
普通股	30%	0%	不常有
ETF	30%	0%	0%
特別股	30%	0%	不適用
債券	不適用	0%	不適用

沒有太大影響？這裡要提醒的是，投資股票或股票ＥＴＦ每年分配的股利所得，是要被課所得稅的，如果剛好你的所得級距較高，稅務成本自然會水漲船高。不過如果選擇的是領債券的配息，反而有以下好處：

（一）投資境外債券ＥＴＦ的配息所得屬於海外所得，超過一百萬元才需要列入最低稅負制中的基本所得額申報，而且基本所得額有六百七十萬元的免稅額，也就是說，所得要超過六百七十萬元才會被額外課稅。

（二）投資境外債券ＥＴＦ的配息所得屬於海外所得，所以免繳二代健保補充保費。

（三）在台灣，賣股票時要收取千分之三的證券交易稅，不過到二〇二六年之前，台灣特別給予債券ＥＴＦ免收千分之一的證券交易稅。

一張圖搞懂債券ＥＴＦ的挑選技巧

透過以上的說明，應該更能清楚明白股票ＥＴＦ和債券ＥＴＦ的特性、好處及可能風險。接下來，我們總結一下主動式基金和ＥＴＦ的主要差異（參表3），相信能打通你對ＥＴＦ的任督二脈。

綜合以上考量，如果想要安心退休領息，又不想要受到股票波動帶來的不安全感，配息債券ＥＴＦ的確是一個相當不錯的選擇。

全盤了解債券ＥＴＦ的特性、好處及風險之後，接著就來看看如何挑選如何買。

ＥＴＦ的買賣流程也是透過證券交易所進行買賣，購買方法和股票一樣，

表 3 主動式基金和 ETF 的差異

	主動式基金	ETF
管理方式	• 積極管理 • 被動管理	• 目標打敗大盤 • 追求與大盤相同的報酬
交易方式	• 每日收盤後淨值計算 • 交易日以 T 或 T+1 日計算	• 交易時間內交易
定期定額投資	可以	部分股票 ETF 可，債券型大多不可
信用交易（融資融券）	不可	可以
投資組合變動和透明度	低	高
管理費用	高	低

這裡就不贅述。由於本書主要目的是分享如何透過長期領息配置來達到提早退休的目標，接下來將示範如何挑選出優質的債券ＥＴＦ領息配置（參圖５），希望你也能獲得不錯的月月領息收益以及本金的增值。

不過開始之前先補充說明一下，因為台灣發行債券ＥＴＦ的時間僅僅數年，許多債券ＥＴＦ的配息紀錄並不長，而且大多屬於季配型的配息方式，成交量的差距也頗大。但ＥＴＦ是投資指數，相對透明，不會因為是在台灣投資全世界，就會和海外投資全世界而有所不同，也相信不久的將來會有更多債券ＥＴＦ加入行列。

而且為了提早退休規畫做準備的領息方式，可以透過台幣計價的方式投資全世界，不用經由複委託交易而增加成本，也不用在海外券商開戶，減少換匯麻煩，降低匯率兌換的風險，再加上有現行金融法規的保障，我覺得還是一個很穩當的投資方法。

接下來，針對債券ＥＴＦ的挑選原則逐一說明。

圖 5 債券 ETF 的挑選原則和步驟

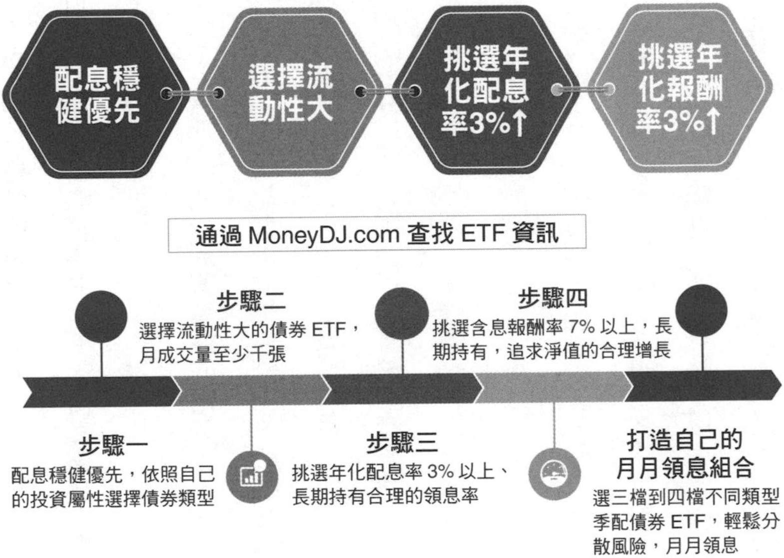

配息穩健優先
選擇流動性大
挑選年化配息率3%↑
挑選年化報酬率3%↑
通過 MoneyDJ.com 查找 ETF 資訊
步驟一
配息穩健優先，依照自己的投資屬性選擇債券類型
步驟二
選擇流動性大的債券 ETF，月成交量至少千張
步驟三
挑選年化配息率 3% 以上、長期持有合理的領息率
步驟四
挑選含息報酬率 7% 以上，長期持有，追求淨值的合理增長
打造自己的月月領息組合
選三檔到四檔不同類型季配債券 ETF，輕鬆分散風險，月月領息

原則一：查找配息穩健的債券ＥＴＦ

目前台灣交易所買賣的債券ＥＴＦ，常見的有六種，表4依信用評等的風險及對利率的敏感度做比較。

從表格看來，公債因為是國家發行的債券，尤其美國公債一直被視為無風險債券指標，白話來說就是美國向你借錢，一般人認為美國不會欠錢不還、不會違約，因此信用風險最低。但也因為風險低，所以配息率不高。

以季配型的群益二十五年期以上美國政府債券ＥＴＦ（00764B）為例，追蹤的指數是ＩＣＥ二十五年期以上美國政府債券指數，二〇二〇年三月除息日的配息金額是〇．二七四元，二〇二〇年五月二十一日的淨值是五三．一七四二元，簡單換算一下年化配息率，相當於二．〇六一％（0.274÷53.1742×4×100%）。因為配息率比其他類型債券來得低，所以對利率的敏感度高。白話來說，當市場利率上漲到愈接近二％的時候，這檔美國公債ＥＴＦ的吸引力就會大幅下降，此時寧可把錢放在銀行就好。於是，公債的價格就會下跌，而這也

表 4 常見六種債券 ETF 比較

債券種類	信用風險	利率的敏感度	配息率
美國 20 年長年期公債	低	高	低
中國金融債	低	低	中
AAA 投資等級債	低	中	中
BBB 投資等級債	中	中	中高
產業公司債	中高	低	中高
新興市場國家債	中	低	高
高收益債	中高	低	高

資料來源：MoneyDJ.com

是公債價格和市場利率成反比的主要因素。

所以，我們在進行投資之前，必須先了解不同類型債券ETF的風險。根據風險高低的不同，配息率最低的是公債，配息率較高的是收益債。

另外，債券ETF本身也有一個收益平準金的機制，平衡不同時間買入債券配息的金額分配，藉以穩定配息率。所謂「收益平準金」，是指從基金成立日起，計算日的每日受益權單位淨資產價值，相當於原受益人可分配的收益金額。白話來說，就是換算出每位受益人持有天數所能分配的收益額度。如此可避免有些投資人趁著接近配息日前買入，造成其他原本就持有的受益人配息金額被稀釋。

因此，配息穩健的債券ＥＴＦ相當適合作為提早退休規畫的投資工具，我們可以適當地依照自己的投資屬性來調整投資組合比例。你也可以參考本章最後所篩選出來的債券ＥＴＦ。

原則二：選擇流動性大的債券ＥＴＦ

「流動性」這三個字聽起來很抽象，我舉個生活中常見的例子來說明。有時候我們就是會抵擋不住手搖飲料的誘惑，尤其是炎炎夏日，如果這時眼前有兩家飲料茶店，我會選擇排隊人龍較長或人潮較多的一家。因為排隊人潮多，表示他們的茶通常比較新鮮，不容易喝到隔夜的，也因此喝起來美味又新鮮。有一回我特別做了測試，到另一家沒什麼人潮、但品牌知名度頗高的茶店買了一杯，說也奇怪，味道就是不新鮮，就像隔夜茶那樣充滿苦澀味。

所以想像一下，如果挑選的債券ＥＴＦ成交量很低，表示該檔ＥＴＦ的表現可能差強人意。而且買入後想要賣出或調整比例時，也容易遇到賣不出去的囧境。以台灣的債券ＥＴＦ平均成交量，至少選擇平均月成交量在千張以上才算合格。

原則三：挑選年化配息率三％以上的債券ＥＴＦ

投資領息工具時，永遠要記得一件事，我們追求的是穩健的領息收益，還有就是長期持有而不是短線投機。長期持有可以分散不同時間中的市場風險，但配息率過高，風險相對較大，對於進行退休規畫的投資人來說，可能會擔心本金流失難以回復。所以，設定三％以上的年化配息率相對合理，除了可以穩健領息，也比較不用擔心淨值的波動過大。

原則四：挑選含息年化報酬率七%以上具增值潛力的債券ETF

因為債券ETF的配息純粹就是債息，所以如果長期持有，隨著淨值增長，就可以增加額外的收益來源，也能充分打敗未來通貨膨脹及物價上漲的壓力。在合理的風險下，市場的景氣、利率、企業獲利及經濟成長率都會影響債券ETF的淨值變化，因此含息年化報酬率七%、有增值空間的債券ETF，也是我們挑選的目標之一。

根據以上的挑選步驟，接著可以利用MoneyDJ.com來檢索（目前MoneyDJ上國內外債券型ETF的資料相當齊全，分類也十分清楚，很適合作為篩選的工具）。

依照前述設定的標準，找到了三檔不同類型的債券ETF，分別是元大投資級公司債（00720B）、群益十五年期新興市場主權債（00756B）、中信十年期以上電信業美元公司債（00863B），從表5可看出它們的配息和報酬率等相

表 5 元大、群益、中信三檔債券 ETF 的配息、報酬率數據

除息月份	發放月份	年化配息率[1]以2020年5月21日的淨值計算	含息淨值報酬率（近一年）	債券 ETF 名稱
1 月	2 或 3 月	4.24%	13.4%	元大 20 年期 BBB 級美元公司債（00720B）
2 月	3 月	3.69%	9.96%	群益 15 年期新興市場主權債（00756B）
3 月	4 月	3.05	6.14%[2]	中信 10 年期以上電信業美元公司債券（00863B）
4 月	5 月	4.24%	13.4%	元大 20 年期 BBB 級美元公司債（00720B）
5 月	6 月	3.69%	9.96%	群益 15 年期新興市場主權債（00756B）
6 月	7 月	3.05%	6.14%	中信 10 年期以上電信業美元公司債券（00863B）
7 月	8 月	4.24%	13.4%	元大 20 年期ＢＢＢ級美元公司債（00720B）
8 月	9 月	3.69%	9.96%	群益 15 年期新興市場主權債（00756B）
9 月	10 月	3.05%	6.14%	中信 10 年期以上電信業美元公司債券（00863B）
10 月	11 月	4.24%	13.4%	元大 20 年期 BBB 級美元公司債 (00720B)
11 月	12 月	3.69%	9.96%	群益 15 年期新興市場主權債（00756B）
12 月	1 月	3.05%	6.14%	中信 10 年期以上電信業美元公司債券（00863B）

註 1：年化配息率的算法為「每季配息額度 ÷ 計算當日 ETF 淨值 ×4×100%」，配息率會隨著每季配息額度和淨值的波動而變動。

註 2：該檔基金於 2019 年 10 月上市，此數值係以年化報酬率換算而得。

關數據。

我所挑選出來的這三檔不同類型的債券ＥＴＦ，除了考量到年化配息率、含息報酬率以及流動性因素之外，或許你會疑惑為什麼是這三類型的債券，這部分將於第二部詳細說明如何從市場判斷並調整投資組合配置，你就會知道其中的挑選邏輯。不過，我們得先好好把這四大領息天王深入搞懂，才能找出最適合自己的投資策略，完成提早退休的夢想。

投資贏家的**領息**小提醒

如果挑選的債券 ETF 成交量低，

表示該檔 ETF 的表現可能差強人意。

以台灣的債券 ETF 的平均成交量來看，

至少選擇平均月成交量在千張以上

才算合格。

02

配息基金創造高收益，追求領息極大化的好工具

第一章說了那麼多有關債券ＥＴＦ的好處，是否讓你因此覺得這種投資工具就可以解決所有的領息問題？相信還是有很多人對於這樣的領息產品不夠多元感到不滿足。債券ＥＴＦ的整體報酬雖然超過了七％，但有沒有領息率再高一點、選擇再多一點的領息工具呢？

如果說債券ＥＴＦ是領息的新寵兒，那麼也該認識一下歷史更悠久的老大哥——配息基金，即主動式基金，它是開放式基金的一種，其多元化的選擇以及甚至可能高達十三％以上的配息率，早就吸引一大批仰慕者慕「息」而來。

認識主動式月配息基金

主動式基金應該是大多數人接觸的第一種理財工具。這種基金發行的單位數並不固定，投資人可以隨時向基金經理公司申購或贖回。交易的方式以淨值為交易價位，可透過基金公司或委託的代銷機構買賣。

截至二〇二〇年四月止，目前全台有三十九家投信，發行九百八十九檔主動式基金，發行數量和品質一直在成長，這裡就不特別介紹相關類別和細節。不過為了幫助大家快速並深入了解這種領息工具，就以一般人對於主動式基金常見的疑慮和可能誤踩的禁區提出說明。

為什麼要收取管理費和保管費？

從安全性的角度來看，主動式基金的資金保管方式其實和ＥＴＦ一樣，同樣是一種信託契約。所以，基金管理公司除了負責基金操盤之外，還會以信託方式委託保管銀行進行保管。也因為這種特性，就算基金管理公司倒閉，透過信託交由保管銀行保管的資金，自然受到信託法的保護，債權人無法對保管銀行所保管的資金動歪腦筋。而投資人就是主動式基金信託之後的受益人，也就是說，投資人的資金受到證期會的嚴格控管，基金公司和債權人都不可以擅自動用。

不過，也因為有了管理及保管這兩件事，因此，投資人投資的錢就要被收取每年一定比例的管理費和保管費。目前主動式基金的總開支比率大約在一至二%以上，相較於ETF平均不到〇．五%，明顯高出不少。

能領到十三%以上年配息的原因

為什麼有些配息基金的配息率可以有九到十三%這麼高？二〇一八年時，南非幣計價的配息基金甚至可高達十八%，有人曾開玩笑說，既然配息率這麼高，那麼已被取消的退休軍公教優惠存款十八%，乾脆改買南非幣計價的基金

表6 各種配息基金的平均配息率

配息資產	資產分類	平均配息率[1]
債券	政府公債	1-2%
	投資級公司債	2-4%
	高收益公司債	6-9%
	新興市場債	3-6%
股票	普通股及特別股	2-6%

註1：計算基準至2019年1月22日，以過去五年的股利率、債券到期殖利率來計算，此值不代表未來的配息率。

資料來源：鉅亨買基金

就好了呀。當然不可以！接下來就來了解配息基金的配息來源，以及基金配息的邏輯。

表6是配息基金中不同資產的合理平均配息率。公債依照持有到期的年期不同，配息率也不同，年期愈高，配息率就愈高，大約在一至二%之間。而高收益公司債的配息率大約在六至九%，其風險也相對地會比公債及投資級公司債來得高。

還有一個與配息有關的概念是「殖利率」，這是投資機構的專業術語。債券的合理殖利率通常是根據過去的歷史淨值和配息率計算出來，而殖利率指的是每單位配息金額除以淨值換算到期時間的收益率，如果淨值下跌、配息金額不變，殖利率就會上升，反之則下跌。不過，這裡就用「配息率」的概念來理解就行了。

「配息率」的計算方式就是購買當下的配息金額除以購買時的淨值，得出來的數值就是配息率。所以，通常配息基金在淨值下跌時加碼就可以提高配息率，也是一個聰明的投資邏輯。

但如果一檔高收益債配息基金的配息率只有六至九％，新興市場債為三至六％，為什麼有些配息基金可以給到十至十三％、甚至更高呢？於是，有人就會懷疑自己拿到的配息是否來自於自己的本金，然後本金就愈變愈少？其實基金配息的金額和比例或採取月配、季配還是半年配，都是由基金管理團隊決定的。以下節錄一段基金公司在公開說明書上的配息說明文字，你大概就可以了解一二。

一、除息交易日前（不含當日）之利息收入及收益平準金扣除本基金應負擔之費用。二、可分配收益若另增配已實現資本利得扣除資本損失（包括已實現及未實現資本損失）及本基金應負擔之費用後之餘額為正數時，亦為可分配收益。三、基金公司應按季依前述可分配收益之情形，自行決定應分配之金額或不分配，未分配之可分配收益，得累積併入次季之可分配收益。

也就是說，收益的分配權在基金公司，除了利息，資本利得也可以作為收益分配，而資本利得也包含了匯率避險操作時的收益。所以，現在你知道配息的多重來源不止有利息收益，千萬別再閉著眼睛隨便挑選，慎選配息基金的績優生，才能讓你同時賺了配息，本金也相對穩健。

我再舉兩個例子，你應該可以更明白配息基金的配息來源其實不只是利息收益。

第一個例子：從第一章的債券ETF中所列舉的三檔債券ETF，其配息率大都在三％以上。如果加上淨值的增值，也就是含息年化報酬率，則可以來到九至十六％以上。這時，配息基金的經理團隊就可以決定，將配息之外的淨值增值部分也一併分配給投資人。如此一來，配息率自然往上增加。根據這個概念，我以「安聯歐洲高息股票基金」為例，該檔基金在二〇二〇年六月的配息率來到十四．四七％，原因之一就是部分配息來自於淨值的增值。

第二個例子：二〇二〇年五月，當全球陷入降息風潮時，「安聯收益成長基金」這檔基金公告，五月份澳幣計價和歐元計價的配息配比增加一％。原因是在這段時間內，澳幣及歐元兌換美元的波動加大，導致該基金公司因市場遠期外匯避險利差變動而收益增加，於是基金經理人選擇配息給投資人。

配息基金的特性與好處

無論是小額投資或進行單筆投資，配息基金的靈活度算是相當高。歸結出來，配息基金具有下列特性與好處：

一、小額就可以投資

無論是境內或境外基金，一般來說，定期定額的最低投資門檻是三千元，若為單筆投資，則依照每家基金公司的規定而有不同，有五千、一萬甚至高到二十萬，通常線上基金交易平台的彈性會比較大。

二、流動性高，變現容易

只要投資人想贖回基金，隨時可以向購買機構申請。不過要留意申購及贖回的淨值計算時間，一般境內基金是T日，境外基金是T或T＋1日。完成贖回動作後，資金匯回帳戶大約需要三至七天。所謂的T日就是用申請當日的淨值來計算，顧名思義，T＋1就是申請隔日的淨值。

三、專人團隊管理

投信公司有投資研究人員及基金經理人，他們以組織運作來研究上市上櫃公司的營運狀況及各項投資分析，因此投資人不必花費時間與精力選擇投資標的。如前面說過，投資全世界的配息產品，匯率風險是一個變數，但基金經理人可以透過匯率避險的操作，提高配息基金的穩定度，相較於被動式管理的ETF，仍然具有優勢。

四、稅務上的特性

目前主動式基金分為境內基金和境外基金，簡單的分辨方式就是基金註冊地是在台灣還是在海外，例如某基金註冊地在盧森堡，則該檔基金就屬於境外

表 7 境內基金與境外基金的課稅方式

基金種類	投資標的	收益來源	課稅方式
境內基金	台灣	資本利得 買賣價差	免稅（證券交易所得稅停徵）
		基金配息	併入利息所得計算，有 27 萬免稅額。股利列為股利所得
	海外	資本利得 買賣價差	免稅（因證券交易所得稅停徵）
		基金配息	視為海外所得，適用最低稅負制
境外基金	海外	資本利得 買賣價差	視為海外所得，適用最低稅負制
		基金配息	視為海外所得，適用最低稅負制

基金，依境外基金方式課稅。

簡單來說，不管是境內或境外基金，通常投資海外都適用最低稅負制，而最低稅負制有六百七十萬元的免稅額。關於境內基金與境外基金的課稅方式，請參表7。

哪裡買基金划算又安全？

賺錢不容易啊，薪資不漲，銀行利率一直降，找到一個穩定又能累積財富的投資工具就變得很重要。

一般來說，絕大部分民眾都是透過銀行購買基金，但手續費和每年的保管費加總起來也是一筆開銷。雖然近幾年來許多海外券商都用零手續費吸引投資人，但投資人最關心的無疑是安不安全、贖回資金如何入帳，以及稅務問題。其實，台灣目前幾家線上基金交易平台因為競爭激烈，大多祭出了配息基金單筆零手續費或定期定額手續費打折的優惠，相信未來提供的服務和需求會愈來愈多元。

分享一下我自己選擇基金平台的條件。

第一，可選擇的基金數量一定要夠多

畢竟未來的市場波動大，考驗著基金經理人的操作績效，如果以提早退休作為考量，長期穩健、績效表現優異的基金才是我們的首選。但如果基金數量太少，有時就算選中了某檔優質基金，手續費也有折扣，但就是買不到，也只能乾瞪眼。

而基金數量多還有一個最大的優勢，就是當你要轉換基金時，不管是同一家或不同家基金公司，你不用先賣出基金，只要透過轉換功能，等資金入帳後就能買入，一方面可以加速交易時間，不用等贖回資金到帳才能再買，而且轉換成本較低。你也可以考慮選擇轉換T的交易平台，不過目前這種方式仍屬萌芽階段，就算轉換率高，轉換成本仍然會落入選擇標的不夠多的窘境。

第二，歷史交易紀錄查詢要夠便利

有時候基金買入賣出後，時間長了，可能會忘了自己何時買、何時賣，甚至每半年要做一次檢視時，交易成績又不易查詢。這時，好的查詢功能和交易紀錄列表就很重要了，可以幫助我們做好退休規畫的基金管理。

第三，銀行帳戶扣款交易夠方便

由於一般投資人大都還在上班階段，如果能用薪資帳戶當做基金扣款帳戶，就不用為了交易基金而另外開戶，也可以省掉跑銀行的時間或跨行轉帳的手續費，累積下來的手續費也是挺可觀的。

根據以上三點基金交易平台重要的使用條件，我自己使用體驗最佳的應該就是「基富通」和「鉅亨買基金」。基富通的上架基金數量最多，交易明細也相對清楚。而鉅亨買基金最大的優勢就是市場情報和相關的分析資料很多，而且會使用回測的方式挑選出不錯的配息組合及分類，提供投資人滿實用的資訊交易情報。

以我自己使用的經驗來看，這兩家基金交易平台只要線上開戶，就可以指定原本常用的銀行帳戶來申購配息基金，而且幾乎是零手續費。這個方式和海外券商的最大差別是，你不用先把錢轉成美元，避掉匯率損失的風險以及換匯手續費。

投資前搞懂幣別操作策略及風險

前面提到，同樣一檔配息基金，只要是以南非幣計價，配息率就會拉高到兩位數以上的配息率，主要原因是過去幾年來，南非幣的一年期定存利息就有四％，再加上債券本身的配息收益，才會有這麼高的配息率。但如果從二〇二〇年六月往回推算一年，就可以知道將南非幣兌換成台幣其實貶值了十九・五八％，也就是賺到的配息全都賠在匯率的損失了。如此看來，投資南非幣計價的商品有可能讓你一整年的收益白忙一場。

如果你問我，追求穩健配息的過程中，什麼是應該優先考慮的最大風險？我的答案會是匯率。試想，如果台灣金融機構的定存利率只給了不到一％，那麼僅投資台灣的配息商品，要如何才能給到七％的年報酬呢？所以，如果想要領息高，就得選擇投資標的在全世界的商品。就算是只買了保本的年金險或儲蓄險，保險公司仍然必須將收到的保費投資到海外，以賺取中間的利差。因此，做好匯率避險，就可以讓你的配息率收益增加。

除了匯率問題，選錯計價幣別投資，也可能因為投資時的匯率風險而造成損失。

這裡就以「富蘭克林新興國家固定收益債券」（以下簡稱「新固收」）以及

「NN(L)新興市場債券基金」(以下簡稱「新興債」)兩檔新興市場主權月配息債券為例。這兩檔配息債同樣都是投資新興國家主權債，在二〇一九到二〇二〇年，從阿根廷違約風險、貨幣貶值到外匯管制，一路到新冠肺炎疫情爆發階段，倒楣的新興市場一直居於弱勢。

為什麼同樣是投資新興市場債券的標的，兩檔的績效結果卻出現了兩樣情？原因是新固收訴求投資的債券標的是以當地貨幣計價，為了避免匯率風險，採取貨幣防禦措施，以作多日圓、放空澳幣的方式，作為投資新興市場當地國家貨幣的替代性避險，創造了一〇%以上的配息率。但因為新興市場當地國家貨幣大幅貶值，使得避險策略失效，導致淨值和配息率在二〇一九下半年到二〇二〇年上半年一路下滑。

而新興債則訴求專注投資在強勢貨幣，也就是以美元計價的債券標的，避開新興市場貨幣的波動風險。結果有效地讓二〇一九及二〇二〇年的淨值及配息相對穩健，平均配息率再九至一〇%上下。

以上結果得知，作為穩健配息的基金，優先以強勢貨幣為主，例如美元計價的配息基金，還可適當搭配歐元、人民幣計價的配息基金。要注意的是，這裡說明的計價幣別是指購買基金時選擇的幣別，而非基金經理團隊在投資策略上選擇購買的標的幣別。

一張圖搞懂配息基金的挑選技巧

如果你曾有比較長的時間和經驗投資配息基金，就一定知道一檔穩健的配息基金無論景氣衰退或遭遇金融風暴，除了波動小於股票，就算下跌，其淨值也都能以最快速度回穩。如此看來，市場的大波動就沒什麼好擔心了。

接下來，就以一張圖說明挑選技巧，帶你找出領息極大化、創造源源不絕的現金流，而且是「長期持有」的過程中，配息和淨值都能持續穩定的優質配息基金（參圖6）。

圖 6 配息基金的挑選原則和步驟

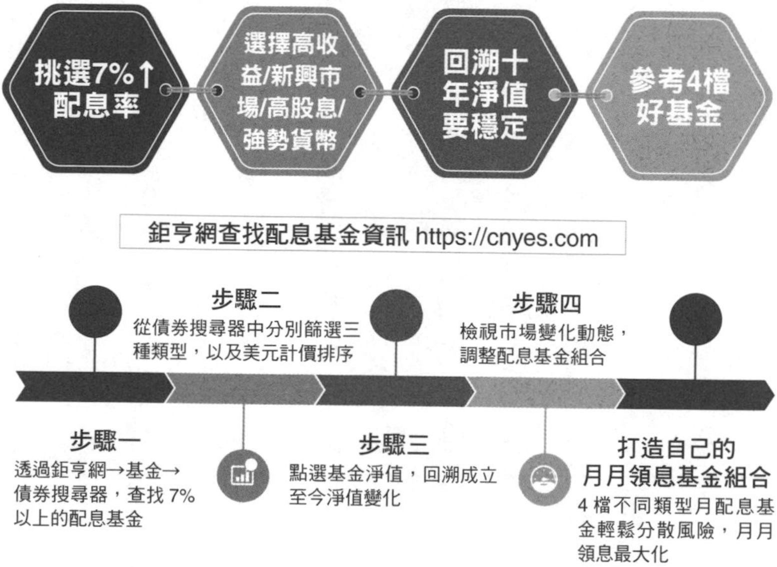
挑選7%↑
配息率
選擇高收
益/新興市
場/高股息/
強勢貨幣
回溯十
年淨值
要穩定
參考4檔
好基金
鉅亨網查找配息基金資訊 https://cnyes.com
步驟二
從債券搜尋器中分別篩選三
種類型，以及美元計價排序
步驟四
檢視市場變化動態，
調整配息基金組合
步驟一
透過鉅亨網→基金→
債券搜尋器，查找 7%
以上的配息基金
步驟三
點選基金淨值，回溯成立
至今淨值變化
打造自己的
月月領息基金組合
4 檔不同類型月配息基
金輕鬆分散風險，月月
領息最大化

原則一：挑選年配息率七％以上的月配息基金

想要領息最大化，就要避免犧牲掉本金部分。先說在前面，我仍然相信基金經理人不會傻到讓配息一直配到本金、讓淨值一路掉的結局，因為不論賺或賠，基金公司都會收取一至二％的管理費，當然基金規模愈大時，基金公司的收益就愈大。同樣的，基金經理人可以透過標的本身的配息、淨值上漲的分配及匯率避險的收益，來分配每月給你的領息收益。

所以，我們大可放心地挑選心目中「合理」配息率達七％以上的配息基金，而且最好過去至少三年以上都維持這個配息水準。因為市場波動快速，維持三年以上代表該基金配息穩定。

原則二：必選三類及強勢貨幣幣計價的月配息基金

如果要達到七％以上的配息率，「高收益債」、「新興市場債」以及「高股息股票或特別股」這三類，都是追求穩健以及領息極大化的必選標的。當然，計價幣別的首選還是以強勢貨幣為主，主要是美元，當然也可以搭配歐元或人民幣。

原則三：追求淨值的長期穩定性

對於想要提早退休靠領息過好日子的投資人而言，這個原則特別重要。配息基金除了領息要穩定，還必須兼顧淨值的長期穩定，這樣才能避開領了息、本金卻大虧的狀況。

以我來說，當挑選出來的配息基金符合前兩個原則後，我會回溯該檔基金過去十年或成立至今的淨值變化。為什麼是十年或成立至今的區間呢？因為這中間可能經歷了一到兩次的股災，這時就可以從中檢視該檔基金淨值回彈的狀況，原則上，從成立開始的淨值到最新淨值的差別最好不大。但要符合第三個原則的配息基金其實不容易。

表 8 四檔配息率長期在 7% 以上的配息基金

基金名稱	計價幣別	發行機構	配息率（2020年5月）	基金種類
安聯收益成長穩定月收 AM	美元	安聯投信	9.15%	股債平衡型基金
聯博高收益債 AT 月配	美元	聯博投信	8.09%	債券基金
NN(L) 亞洲債券基金 X 股（月配）	美元	野村投信	7.58%	債券基金
安聯歐洲高息股票基金 AM	美元	安聯投信	9.03%	股票基金

用四檔好基金搞定你的領息策略

在挑選配息基金的工具中，我最常使用的是鉅亨網的「配息專區」和「債券搜尋器」，用它們來搜尋配息率七%以上的基金。找到債券分類和幣別的排序之後，再回溯基金過去十年或成立至今的淨值變化，就可以找到心目中的理想配息組合了。

我以這個方法找到了幾檔符合條件的配息基金，這裡就以表8的四檔基金為例。這四檔基金的查找時間都是二〇二〇年五月，不過因為這個時間點正好處於疫情稍微緩和但風險尚未結束的階段，所以淨值普遍都是下跌的。從另一個角度思考，或許這個時候更能看出基金在金融危機時是否挺得過去。

我發現，這四檔基金的配息率長期以來平均都在七％以上，在經歷了二〇二〇年的疫情、甚至二〇〇八年的金融風暴，以長期持有的角度來看，當下的淨值都能維持在和成立當初相差不大的情況，相當適合作為退休規畫，是兼具高領息、淨值相對穩定的配息基金。

熟悉了配息基金後，還要學習機動地調整你的配置組合，完整操作方法在第二部會有詳細說明。你可以全面了解四大領息天王之後，再進行整合性的實際操作，這樣對你的幫助會更大。

投資贏家的**領息**小提醒

若要達到七％以上的配息率，

「高收益債」、「新興市場債」以及

「高股息股票或特別股」這三類，

都是追求穩健以及領息極大化的

必選標的。

03 特別股兼具高收益和流動性，穩健領息的最佳配置

特別股是股票嗎？是的，它是股票，不過在介紹它之前，先來了解一下什麼是股票，以及兩者的權利關係。

凡事「優先」的特別股

一般在證券交易所買賣的股票，另一個名稱叫做「普通股」，白話來說就是當你買了這家公司的股票，你就成為該公司的股東，擁有公司經營管理、盈

利和資產權益分配的權利，當然也包括債務的請求權。聽起來，持有普通股是很厲害的事，不過還有一種比普通股更厲害的股票，叫做「特別股」。當公司破產遭清算時，剩餘的資產清償順序除了債權人是第一優先，其次就是特別股，再來才是普通股。

所以特別股又叫「優先股」，不只債權優先，發放股息也優先於普通股。既然這種股票這麼好，為什麼還要買普通股股票呢？

這是因為若要擁有特別股這些優先權利，就得放棄其他的普通股利。首先，特別股沒有參與經營管理的投票權。其次，特別股的股息是固定的；普通股有可能因為企業當年度的獲利超過預期，而配了更多股息給投資人。簡單來說，特別股類似債券性質，因此它的風險也比普通股來得低。

總結來說，特別股享有許多優於普通股的權利，無論在股息發放或剩餘財產的分配，都享有較普通股優先的權利，又兼具債券固定配息的特性。此外，在交易所掛牌的特別股，可以像普通股一樣公開交易買賣。

可以發行特別股的企業

既然特別股有這些優先權利，那麼到底什麼樣的企業可以發行特別股呢？通常發行特別股的用途，大都是作為投資支出，例如興建廠房、增加產能，但又不會因為增資而影響管理階層的決策。這表示發行特別股的公司是上市企業，而且大都有市場擴張的需求。

我們透過「波士頓ＢＣＧ矩陣」❸來分析一家企業的競爭力及所處現況（參圖７）。

先看右邊象限的明星企業和金牛企業。明星企業屬於市場占有率高且高成

❸ ＢＣＧ矩陣是由波士頓顧問集團（Boston Consulting Group）所發展出來的，以市場成長率及市場占有率為Ｘ、Ｙ軸，分割為四個象限，以定位企業目前所處現況。這四個象限分別是狗（Dog）、問題兒童（Question Mark）、明星企業（Star）及金牛企業（Cash Cow），然後根據企業現況採取三種策略，即：一、成長策略，積極擴張市占率；二、維持策略，用來維持現有市占率；三、收割策略，不再進行投資，找機會脫手。

圖 7 波士頓 BCG 矩陣的企業競爭力分析

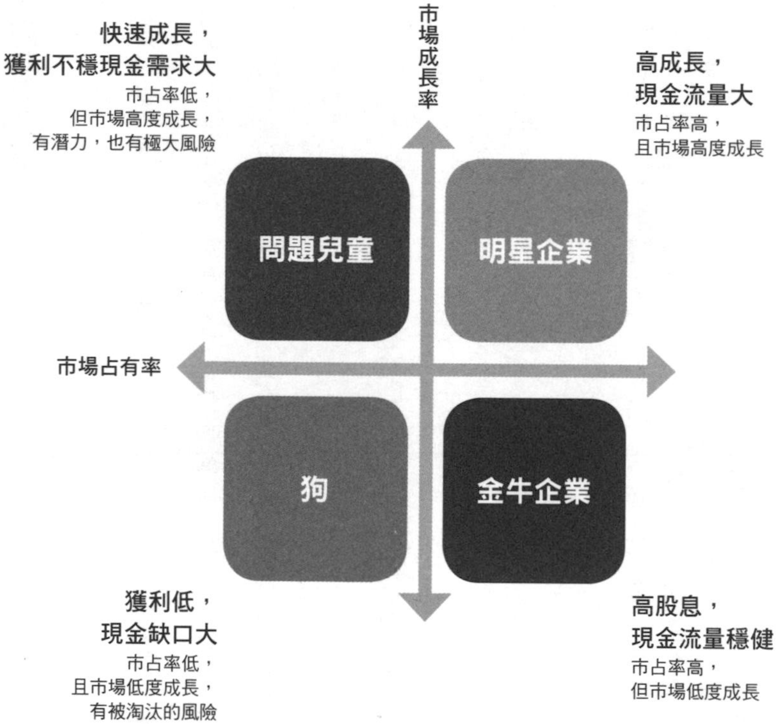

長率的企業，金牛企業屬於市場占有率高、但成長率趨於穩定或低度成長的企業，這兩個象限的企業都需要持續增加投資支出，只要本業獲利高，就能帶來足夠的現金流。因此，大部分的高股息類股票都在右邊象限，尤其是金牛企業這個區塊，通常會採取維持策略，以現金流充足居多。

這類型的企業就是比較多特別股發行的企業。想像一下，如果你持有一家金牛企業的特別股，就可以固定領取股息收益，不管景氣好壞，這家企業仍有足夠的現金流能應付營運。這就好像擁有一張投資等級的債券，又有機會參與股市連動，具備股價上漲的增值空間，根本就是名副其實的領息天王。

根據上面的特性推論，我們可以知道，大部分發行特別股的企業多是金融保險業或公用事業。

另外，根據《公司法》第二六九條，企業若要發行特別股，平均三年的淨利必須要足以支付特別股的股息，或是曾發行特別股但沒有延遲付息的紀錄，才能發行特別股。特別股有以下四種不同的附加條件：

一、**永續或非永續特別股：**永續是指無買回日或到期日，而非永續指的是有停止存續期間的條件。

二、**累積或非累積特別股：**累積特別股指的是發行公司無盈餘，沒有配發股息，必須在有盈餘的年度補發。非累積特別股則不需要補發，例如中鋼特（2002A）就屬於累積特別股，富邦特（2881A）屬於非累積特別股。

三、**附有轉換權利或無轉換權利特別股：**轉換權利指的是能否轉換成普通股的權利。

四、**可參與或不可參與普通股盈餘分配特別股：**特別股的特性就是不能參加普通股盈餘分配，但如果附加條件為可參與的話則不在此限。

簡單來說，通常附加條件愈多，給的配息就會愈少。

根據前面所述，總結一下特別股的特性：

一、特別股擁有優先於普通股的配息及債務清償權。

二、發行特別股的企業通常為明星企業或金牛企業，財務比較穩健，屬於高股息股票類別。

三、股息固定，大部分的特別股都是按季配息，配息率約在四至八%。

四、企業依買回條件買回特別股時，通常是以票面價格買回，相當於發行時的本金。

五、附加條件少的特別股，通常比附加條件多的給予較多配息。

讓你愛上特別股的四大好處

如果你偏好穩健的領息收入，希望淨值有機會參與股價上漲，股價也相對穩定，那麼特別股的四個好處，相信能滿足你的需求。

一、特別股的配息通常優於投資等級債券

特別股具有投資級債券的信評，擁有高收益債的收益特性，也因為發行特別股的公司在財務報表上呈現的是股東權益，而不是負債，財報看起來會比較健康。因此，大部分的特別股發行企業多是金融保險業或公用事業，都是屬於財務報表中相對負債比較高的產業。以台灣金融特別股為例，發行年期長，票面利率約在四％左右，配息水準介於投資級債和高收益債之間。

二、配息固定，優先於普通股

不過如果公司當年度的獲利較高，也不會多配發給特別股的股東。

三、流動性比債券基金靈活

特別股直接在證券交易所就能進行買賣，容易變現。

四、當市場不好時，特別股的穩定度通常優於普通股

特別股的股價波動幅度比普通股約低了二分之一以上，而且通常每季定期配息，擁有相對較高的股息率，對投資人來說，有機會賺取資本利得，還能賺取固定收益，可說是提高投資組合穩定性的最佳利器。

以國泰金甲特（2882A）為例，二〇二〇年的二、三月因為新冠肺炎疫情影響，股價下跌到五九・一元，到了五月二十六日，股價反彈到六三・九元。如果用二〇一七年八月到二〇二〇年五月這段期間的最高（六四・九元）和最低（五九・一元）股價來換算跌幅，新冠肺炎讓該檔特別股的股價下跌了大約八・九％（〔64.9－59.1〕÷64.9）。

接著看看國泰金（2880）普通股股票的狀況。國泰金（2880）在二〇二〇年五月二十六日的股價為三九・九元，以二〇一七年八月到二〇二〇年五月的最高（五六・八元）和最低（三三・八元）價位來換算跌幅，下跌了負四〇・四九％，幾乎腰斬。而且同樣在五月二十六日那天，國泰金甲特（2882A）的

股價幾乎回到歷史最高價位，普通股的股價仍有負二九·七五％的跌幅。

特別股的潛在風險

說了那麼多特別股的好處，其潛在風險及成本問題又是什麼呢？

一、波動風險及流動性

特別股既是股票，也是債券，它的波動風險介於投資等級債和高收益債之間，不像債券到期時需歸還本金，企業可以決定不買回特別股。但遇到金融風暴時，特別股仍有虧損的疑慮，因此如果企業不買回特別股，你可以在交易市場中賣掉持有的特別股，對交易市場中的買賣雙方來說，「流動性」是很重要的參考依據。

不過，由於特別股的持有人大都是法人或機構，買了之後通常不會隨便賣掉，所以一般投資人能在交易市場買到的量並不多，成交量也不高。

二、買回限制

就算特別股啟動了買回機制，買回時如果股票市價高於買回的發行價格，甚至購買成本高於發行價格，不僅沒賺到股價價差，還造成了損失。

此外，如果你購買的是新發行的特別股，多數特別股於發行時會設下限制，規範投資人不可於特定期限內買回（一般限制五年內禁止買回）。

也有部分特別股的發行條件附有「可贖回條款」，意思是發行公司可以提前贖回。因此在投資特別股之前，必須對這些買回條件多加留意。

三、所得稅成本

在這裡給大家一個觀念，只要是在海外進行金融工具的買賣，對其他國家來說都算是外資，就會有預扣稅（withholding tax）。以美國為例，無論普通

表 9　台灣與海外的投資扣稅規定

	台灣特別股	海外特別股
股息殖利率	3% ～ 6%	4% ～ 10%
稅負差異	綜合所得稅的股利所得	最低稅負制的海外所得
稅率差別	依綜合所得稅級距計算	有 670 萬免稅額
二代健保補充保費	超過 2 萬需扣繳 1.91%	不用
匯率風險	無	有

股、ETF或特別股，在分發股利時，該國政府對台灣投資人皆會課以三〇%的預扣股利所得稅。

台灣特別股雖然沒有預扣股利所得稅的問題，但配息仍需納入股利所得計算個人綜合所得稅，超過兩萬元還得繳二代健保補充保費。關於扣稅規範，請參表9。

四、股息配發

雖說特別股有債券的特性和好處，但債券是一種借錢關係，借了錢，就一定要給利息，講的是債權債務的關係。而特別股終究還是股票，談的是股東權益。如果企業當年度的財務狀況不好，除了可以先不配給普通股股東股利，當年度的特別股股息也可以不發。所以，投資人必須定期檢視持有的公司財務健康度。

那麼要如何檢視公司的財務健康度呢？前面提到，發行特別股的企業大多屬於BCG矩陣中的金牛企業，大部分是金融保險業及公用事業，投資人可以透過「台灣股市資訊網Good info!」這個網站，從選單中「熱門排行」裡的年度ROA[4]和ROE[5]選項，查找特別股的ROA和ROE指標，以確定該公司

---

[4] ROA（Return On Assets）是資產報酬率，計算公式為「稅後淨利÷平均資產總額×100%」，主要用來衡量一家企業資產運用的效益高低，也就是把資產當做會生錢的本金，透過本業或投資能有多少收益的概念。假設ROA為八%，指的是企業每一百元資產賺八元，算是滿好的報酬率。如果ROA的趨勢向下，表示資產運用效率欠佳，也會影響股息發放。通常，ROA適用於同性質公司或產業一起比較。

[5] ROE（Return On Equity）是股東權益報酬率，計算公式為「稅後淨利÷股東權益×100%」，主要衡量一家企業的股東投入的資金有沒有真正賺到錢。ROE是扣除負債後的報酬率，ROA則包含加了財務槓桿、也就是負債後的報酬率，較適合用在負債比例較高的行業，例如銀行、金控。

財務是否健康。通常比較方式是和同業比高低，以及和去年度比較是成長還是衰退。

一張圖搞懂如何挑選特別股

若以提早退休規畫為前提，那麼符合淨值和配息都穩健、波動度小、遇金融風暴時相對安全等條件的特別股標的，就成了鎖定的目標，而金融特別股應該是特別股中的首選了。

金融股的特色就是股利發放穩定，而且股價波動不大，因此也有人叫它「牛皮股」。例如市場景氣大好時，科技股可能早已漲翻天，但金融股只是稍微漲一點；等到市場景氣大壞時，科技股或許已經跌到叫天天不靈的程度，金融股卻彷彿只是小滑步跌了一下。

根據前面提到的特別股及金融特別股的特性及風險，我們可以透過圖8的

圖 8 特別股的挑選原則和步驟

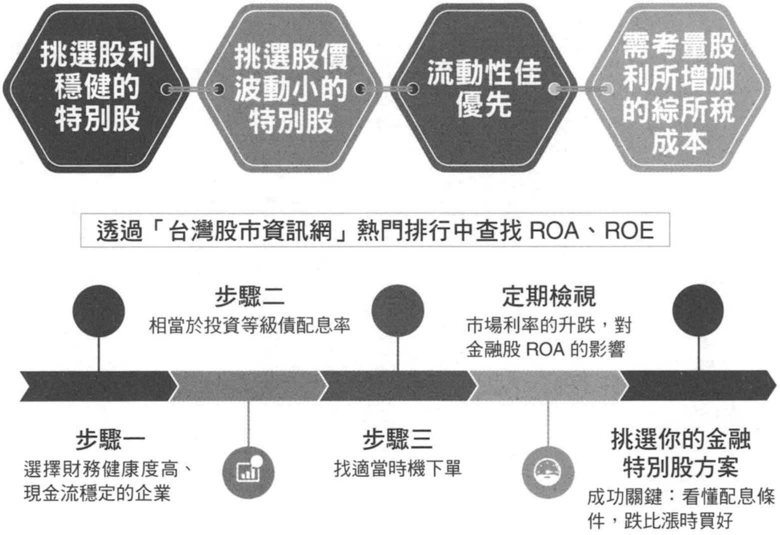
挑選股利穩健的特別股
挑選股價波動小的特別股
流動性佳優先
需考量股利所增加的綜所稅成本
透過「台灣股市資訊網」熱門排行中查找 ROA、ROE
步驟二
相當於投資等級債配息率
定期檢視
市場利率的升跌，對金融股 ROA 的影響
步驟一
選擇財務健康度高、現金流穩定的企業
步驟三
找適當時機下單
挑選你的金融特別股方案
成功關鍵：看懂配息條件，跌比漲時買好

四個原則來挑選優質的金融特別股，而挑選原則同樣也適用於其他產業類別的特別股。

原則一：挑選股利穩健的特別股

通常財務健康度高、現金流穩定的企業，相對的股利發放也比較穩健。你可以從「Good info!台灣股市資訊網」網站找出金融股的ＲＯＡ排名，而有發行特別股的包括富邦金（2881）、國泰金（2880）、台新金（2887）和中信金（2891），請參表10。而從圖9的資料顯示，二〇一九年ＲＯＡ排名前兩名的分別是台新金（2887）和富邦金（2881），其ＲＯＡ各是〇．七六％和〇．七三％。而ＲＯＥ排名前兩名的則為中信金（2891）和富邦金（2881），其ＲＯＥ分別是一二．三％和一一％。

綜合兩項指標來比較，可以發現富邦金（2881）較其他金控穩健，資產運用績效也略勝一籌。

表 10 台灣四家金融特別股比較

	富邦金甲特（2881A）	國泰金甲特（2882A）	台新戊特（2887E）	中信金乙特（2891B）
票面利率	4.10%（前七年）	3.80%（前七年）	4.75%（前七年）	3.75%（前七年）
約定利率	IRS[1] ＋ 3.15%	IRS ＋ 2.74%	IRS ＋ 3.5325%	IRS ＋ 2.6675%
上市日期	2016.5.31	2017.1.17	2017.2.10	2018.1.26
發行價	60	60	50	60
最低年限	7 年	7 年	7 年	7 年
股利	2.46	2.28	2.375	2.25

註 1：IRS（Interst Rate Swap）是一種利率交換契約，由交易雙方約定固定利率與變動利率作為交換標的。如果未來利率走升，IRS 利率就有很高的機率會調升，反之則調降。

圖 9 2019 年金融業的獲利資料

代號	名稱	成交	財報年度	營收（億）	營收成長（%）	毛利（億）	毛利成長（%）	淨利（億）	淨利成長（%）	毛利（%）	毛率增減	淨利（%）	淨率增減	EPS（元）	EPS增減（元）	ROE（%）	ROE增減	ROA（%）	ROA增減	財報評分
2889	國票金	11.65	2019	69.8	+24.8			26.3	+30.1			43.1	+4.6	0.92	+0.2	7.92	+1.94	1.07	+0.28	50
2885	元大金	16.6	2019	1,076	+6.25			204	+9.46			20.6	+0.34	1.75	+0.16	9.09	+0.27	0.94	+0.04	44
2884	玉山金	26.9	2019	545	+10.3			201	+17.8			36.9	+2.34	1.73	+0.15	12.1	+1.02	0.84	+0.06	53
2886	兆豐金	30.65	2019	653	+5.95			290	+3.01			44.4	-1.24	2.13	+0.06	9.07	-0.1	0.8	+0.01	50
2887	台新金	12.7	2019	436	+9.79			145	+12			33.2	+0.66	1.19	+0.1	8.19	+0.35	0.76	+0.01	50
2881	富邦金	42.45	2019	4,480	+9.02			585	+22.6			13.3	+1.68	5.46	+0.94	11	+0.98	0.73	+0.08	44
2890	永豐金	11.75	2019	363	+13.1			125	+32.3			34.3	+4.98	1.11	+0.27	8.6	+1.87	0.73	+0.14	50
2891	中信金	19.95	2019	2,647	-15.8			429	+19			16.2	+4.74	2.16	+0.31	12.3	+0.99	0.72	+0.07	41
2883	開發金	9.02	2019	2,404	-4.74			128	+62.9			8.18	+3.1	0.88	+0.34	7.56	+2.14	0.68	+0.18	38
2882	國泰金	39.9	2019	5,559	+17.4			628	+21.9			11.5	+0.54	4.76	+0.81	9.74	+0.63	0.66	+0.09	38
2892	第一金	22.3	2019	623	+3.43			194	+11.8			31.1	+2.31	1.55	+0.15	9.11	+0.39	0.63	+0.01	50
2880	華南金	19.4	2019	467	+1.53			160	+9.12			34.2	+2.38	1.31	+0.04	8.79	+0.15	0.59	+0.03	47
5880	合庫金	20.15	2019	491	+4.74			172	+10.4			35.9	+1.7	1.33	+0.09	8.02	+0.35	0.49	+0.02	50
2888	新光金	8.33	2019	2,770	+9.56			166	+69.8			6	+1.86	1.34	+0.45	9.79	+2.81	0.44	+0.14	44

資料來源：Good info! 台灣股市資訊網

原則二：挑選股價波動小的特別股

前面提到，特別股（尤其是金融特別股）的風險介於投資級債和高收益債之間，從風險的角度來看，投資級債的價格波動比高收益債的價格波動來得小。事實上，台灣的金融股能發行特別股，也就相當於投資等級債了。通常，金融特別股的配息率大約在四%上下，符合我們的挑選條件。

你曾聽說嗎，平均四〇%以上的金融特別股都是保險公司在買？

不管保險公司真正購買的比例是比四〇％更多或更少，其實我們所買的儲蓄險或年金險中，有一部分就是投資在金融特別股。台幣保單的宣告利率約二％，保險公司在扣除相關費用成本後，有一部分的收益就是藉由金融特別股的配息來賺取中間的利差。通常像保險公司這類投資人大都是長期投資，不是短線進出，而這也是金融特別股股價波動小的原因之一。

原則三：流動性佳優先下單

特別股的交易量通常不大，原因是除了保險公司在買特別股之外，勞保基金和法人也會買，據說大概只有不到二〇％是散戶，也就是個人在買。這些求安穩的機構這麼愛買金融特別股，對投資人來說應該算是吃了定心丸。這時候就要挑選流動性佳的特別股，如果正好碰到股價難得下跌的機會，反而是加碼的時機點。

以富邦金甲特（2881A）為例，發行價格是六十元，約定利率是前七年四・一%。但到了二〇二〇年五月二十六日，股價仍在六十五元，換算實質配息率大約只有三・七八%。如果能在股價低點五九・三元時買到，那麼實質配息率就會有四・一四%了。簡單來說，購買上市特別股的時機，在跌的時候買會比漲的時候好。所以，算好你的購買成本及可接受的實質配息率，才能真正享受到最佳的特別股配息率。

原則四：考量股利所增加的綜所稅成本

二〇一八年後，無論是普通股或特別股，股利所得可以有兩種報稅方式。一種是併入所得總額計算你的累進稅率，也就是一般的報稅方式。另一種則是分開計稅，單獨二八%計算股利所得。

例如，假設你的累進稅率在三〇%以上，那麼選擇分開計算會比較省稅。你可以用報稅軟體試算看看，系統就會自動幫你計算出最有利的申報方式。如果你的所得稅率偏高，可以適當地降低特別股的持股比例，以免賺了股利，反而多繳了稅。

通常愈接近退休或者退休階段，如果被動收入增加，綜所稅累進稅率會降到五到二〇%，這時就可以適當地增加特別股的投資比例。

到這裡已經分析完三大領息天王了，對於領息投資工具是否已有更進一步了解，也知道如何挑選適合自己的領息工具？後面我還會結合市場的變化，帶你按部就班地做好配置並提出詳細策略，讓你的領息投資組合更佳優化。

投資贏家的**領息**小提醒

購買上市特別股的時機，

在跌的時候買會比漲的時候好。

算好購買成本及可接受的實質配息率，

才能真正享受到最佳的特別股配息率。

04 年金險抗通膨又鎖利，讓你活到老領到老

規避老後風險的選擇

如果說銀行管理的是短期資金，那麼保險業可以視為中長期資金的穩定支柱。一旦降息，存在銀行的存款利息就會跟著縮水。但如果買的是保險契約，由於大都簽訂的是六年以上的中長期契約，因此就算央行宣布降息，已成立保單的預定利率並不會受到影響。可以預期的是，保險公司採取的措施會是停售預定利率較高的保單，然後再推出利率變動型保單，藉由可變動的宣告利率來

降低保險公司的利率風險。

什麼是預定利率和宣告利率？所謂預定利率，表示利率是固定的。保險公司在設計一張保單時會先預設該保單的固定報酬率，後續所繳的保費和保單價值金就會根據固定的預定利率來增值。但預定利率不代表保戶的實質報酬率，因為保戶所繳的保費還得扣除通路佣金、營業費用、保險成本等相關費用，最後的金額才是保戶的實際保單價值金。所以，實際報酬率通常比預定利率低。

而宣告利率是變動的，也就是所繳保費扣除相關費用，保險公司拿去投資後的實質報酬率，所以既不固定也非保證。通常，宣告利率會出現在利率變動型保單，當宣告利率高於預定利率時，代表保險公司的投資績效高於保單最低保證利率，也就是預定利率，於是撥出回饋金存回保單裡。反之，如果宣告利率低於預定利率，則仍有預定利率作為最低保證。

「保單愈早買愈有利。」這句話在持續低利率的趨勢下，可能要讓很多鐵齒的人花更多錢買保單了。舉例來說，在預定利率四%的年代，三十歲男性購買二十年期一百萬的壽險，大約一年只要花一萬元的保費。但若以二〇二〇年保單預定利率一．二五%來看，同樣的購買條件卻需要三到四萬元保費，原因是利率愈高，要累積到一百萬的速度會比利率低的時候快。因此利率低的時候就需要調高保費，以加速累積到一百萬的速度。

如果想要規畫人生不同階段的保險，幫助自己避免退休後活得太長而有高額醫療費的風險，如何精打細算將是很多人學習的理財課。

而年金險其實就是用來因應這樣的趨勢變化所產生的商品。除了費用比儲蓄險低很多，還可以避免因為活太久沒錢花的風險，可說是四大領息天王中唯一保本、鎖利又能領一輩子且抗通膨的最佳選擇。

年金險和儲蓄險不一樣

咦，年金險和儲蓄險不一樣嗎？年金險不就是儲蓄險嗎？相信這也是很多人的誤解。從字面上來看，年金險就是每年會給一筆生存金的保單，而生存金是每年可以領取的收益，所以很多人會以為有領生存金的保單就是年金險。其實，真正的年金險屬於生存險，也就是活著時可以領生存金，活愈久領愈久，目的是為了解決現代人擔心活太久而錢不夠用的風險。

有人會說，他買的儲蓄險也可以每年領錢啊。其實真正的年金險不是一般坊間所說的儲蓄險，只是因為儲蓄險也具有生存金的功能，因此一般人認為儲蓄險就是年金險。

正確來說，儲蓄險又叫做「生死合險」，除了有生存金，還兼具身故保障的功能。或許你又會問，生存和身故都可以理賠的話，儲蓄險豈不是更好？我們可以看一下表11，就能知道兩者的差異了。

由於年金險專注在保障人活太久的風險，因此沒有身故保障，在保險成本裡就少了這部分壽險保額的保險成本。

如果你考量到退休生活，又想擁有穩定的現金流，既能抗通膨，又不用擔

表 11 年金險和儲蓄險的比較

名稱	學名	內含費用
年金險	生存險	・生存險保障成本 ・保險公司營業成本 ・保險佣金及費用率較儲蓄險低
儲蓄險	生死合險	・生存險保障成本 ・死亡保額成本 ・保險公司營業成本 ・保險佣金及費用率較年金險高

心淨值波動，那麼年金險似乎會是首選。相反的，如果你擔心的除了活太久的問題，又擔心太早上天堂沒給家人一份保障，那麼內含費用多了死亡保額成本的儲蓄險，也就是生死合險，似乎比較符合需求。

倘若還是不清楚自己買的保單是純年金險還是有壽險保障的儲蓄險，可以透過以下兩種方式分辨：

一、**保單險種名稱：**一般年金險大都會在你購買的險種名稱上標示出來，例如ＸＸＸ利率變動型年金保險、ＸＸＸ變額年金保險。

二、**投保時是否填寫健康告知：**因為年金險屬於生存險，所以投保時不需要健康告知。但儲蓄險因為具有身故保障的功能，因此投保時必須填寫健康告知，若為拒保體，就無法投保儲蓄險了。但純年金險就算是拒保體也可以投保，不需要額外加費。

兩種不同類型的年金險，給付差很大

知道儲蓄險和年金險的差別後，那麼我們究竟該買什麼樣的年金險才適合呢？接下來，這兩種不同類型的年金險，你一定要搞懂。

從圖10的分類來看，年金險分成「遞延型年金保險」和「即期年金保險」兩大類，以何時進入年金給付期作為分類依據。購買年金險時，一開始還未給付年金的期間叫做累積期，時間大約是十年，也就是投保後十年或者已屆五十五歲，才能選擇進入給付期。一旦進入給付期間，就叫做年金給付期。

遞延型年金保險包含「累積期」和「給付期」，一般退休規畫大都選擇這

圖 10 年金保險的分類

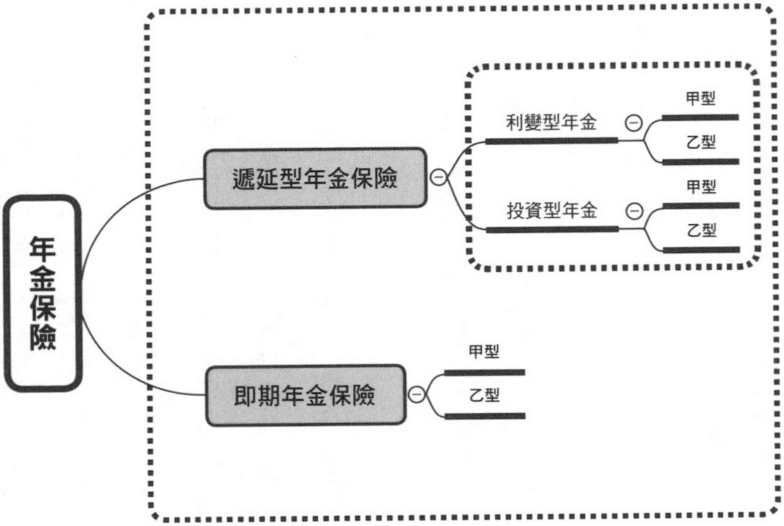

種年金險，用累積期來累積資產，等到退休時再決定是否進入給付期。而即期年金保險顧名思義，就是少了累積期直接進入給付期，這樣的年金險種較少，通常只適用於利變型年金保險，適合馬上進入退休年齡的族群，如果選擇一次領，可以將整筆退休金馬上轉入年金險進入年金給付規畫用。

再進一步細分，遞延型年金保險可分為「利變型年金」和「投資型年金」兩種，差別在於累積期間的年金金額累積方式是以宣告利率或投資連結基金來增值。

利變型年金透過宣告利率來複利增值，相對保本，風險由保險公司承擔，但是收益可能只比定存高一些，例如二〇二〇年五月的宣告利率約是二．〇三％，宣告利率會於每月公告及調整。

投資型年金則藉由投資連結共同基金來賺取收益，投資風險由保戶自行負擔，但有機會賺取較高收益，也有賠錢的風險。至於投資風險等同於直接投資基金一樣，並不如坊間流傳投資型保單隱藏著不為人知的費用或祕密。

值得留意的是，無論是遞延型或即期型，通常又有甲型和乙型兩類，而目前大多數保險公司推出的多以甲型為主。甲型和乙型的差別就在於年金給付期的年金計算方式，投保累積期十年以上或五十五歲時，可以選擇何時要進入給付期，累積期最晚可到八十五歲，通常若到八十五歲卻還未選擇年金給付，保險公司會將整筆累積的保單價值給付給你，畢竟年金險的真正目的就是要對抗活太久的風險。

當進入年金給付時，甲型是以當年的預定利率和年金生命表來計算年金；所謂年金生命表，就是能活多久的平均餘命❻，以此計算每月、每季、半年或每年可以領多少錢。但甲型年金險採取的是固定利率，如果未來利率上升、通

❻平均餘命是指在某一國家或特定地區中，不同年齡層的平均壽命。根據國家發展委員會資料，二〇一三年出生嬰兒的平均餘命可活到七九．五歲，二〇二〇年新生兒因為醫學發達之故，平均餘命可到八〇．七八歲。

膨增加，領的年金還是固定不變。

乙型和甲型一樣，年金給付金額都是以年金給付當年的預定利率和年金生命表來計算。不過乙型多了一項調整係數，公式是：（1＋前一年宣告利率）÷（1＋預定利率）。舉例來說，假設原本每月可領年金一萬元，宣告利率是二%，預定利率是一%，那麼調整係數就是：（1＋2%）÷（1＋1%）＝1.099，再乘上年金金額一萬元，等於一萬零九百九十元。也就是說，隔年領取的年金給付金額會隨著宣告利率的上升而增加了九百九十元，相較於甲型只能領取固定年金，乙型比較能對抗通膨。

年金險的特性與好處

了解了什麼是年金險及其種類，那麼我們買年金險到底有什麼好處、什麼才是最重要的呢？雖然我們不是要去考保險證照，但購買理財產品時，多一分了解才不致買到不適合自己的標的。另外，由於投資型年金險連結的是基金標的，除非對投資型年金險有其他必要的需求，一般透過基金平台或銀行等通路也都能買到。由於乙型年金給付金額會因應利率上升而調整，較能對抗通膨，因此，接下來我都以乙型利變型年金險來說明。

一、**無腦理財，任何人都可以上手**。

與其他領息天王比起來，乙型年金險最大的好處就是保本，不用特別傷腦筋。而且投保金額最低只要三千元。更重要的是，不一定要定時繳費，有多餘的錢再投入即可，簡單又方便。

二、**利率比銀行定存高，而且費用率低**。

根據查找二〇二〇年一到五月的資料，因為新冠肺炎疫情影響及全球降息風，某家保險公司網路販售的利變型年金險宣告利率，一路從二．四八％掉到

表 12 定存 vs. 年金險 vs. 儲蓄險比較

	利率	六年本利和	和本金差距
一年期定存	0.79%	220311.2 元	4311.2 元
利變型年金險乙型	2.03%	228398 元	12398 元
六年期終身型儲蓄險	2%	209995 元	-6005 元

說明：

1. 一年存 36,000 元，六年共存入本金 216,000 元。
2. 查找的利率是以 2020 年 7 月 7 日計算。
3. 六年期終身型儲蓄險多屬於死亡險，內含額外身故保障成本費用，因此本表以帳戶價值為基準，未考慮此相關成本因素。

二．〇三％。儘管如此，還是比銀行一年期定存不到一％的利率高出一倍以上。以保單的附加費用率❼一．五％來看，較低的費用率能讓你在累積期時的累積速度，比附加費用率高的儲蓄險快很多。

舉例來說，若我們每年存三萬六千元，存六年，分別投入一年期定存、利變型年金險乙型和儲蓄險，會有什麼差別？以二〇二〇年七月八日台灣銀行一年期定存儲蓄利率〇．七九％計算，六年的本利和為二十二萬零三百一十一．二元；同樣的，將一年三萬六千元投入某家年金險乙型，以附加費用率一．五％、宣告利率二・〇三%計算，六年的帳戶價值為二十二萬八千三百九十八元，比定存多了八千零八十六・八元。而若投入儲蓄險，由於還需要扣除死亡保費，因此六年的解約金比定存低。詳細比較請參表12。

三、繳費彈性，何時存入由自己決定。

年金險的特性之一就是繳費彈性，讓你可以隨時想繳就申請扣款，不想繳時就不繳，不會有保單停效或失效問題。例如上班族領到獎金或投資配息時，可以把部分資產配置到保本的年金險中，提高整體資產的穩健安全。

四、繳多久、何時領，一次領還是分期領，由自己決定。

---

❼ 保險公司收取的保單作業成本、利潤、通路佣金等就是附加費用，而這筆費用占所繳保費的比率即為附加費用率。一般年金險的附加費用率在三至五%都還算合理，對保戶來說，當然是愈低愈好。

只要在投保年金險累積期至少十年或八十六歲之前，可以自己決定何時進入年金給付，除了分期領，也可以選擇一次領。一旦進入年金給付開始日起，至被保險人保險年齡一百一十歲之間的每年年金給付日，被保險人會按時領到生存年金。

一般於投保時可預設一個進入年金給付的日期，例如把年金給付日押在八十五歲時，過了累積期至少十年後，就可以選擇是否要進入年金給付。如果當年的預定利率不高，還可以選擇按宣告利率以複利方式增加保單價值，待升息後再選擇年金給付即可。

另外，只要保單持有超過五年，若未來發現更好的年金險或領息工具，你可以選擇一次給付或解約，不會產生任何解約費用。

五、年金給付隨利率調整，可以對抗通膨。

當利變型年金險乙型進入年金給付期時，如果利率上調，年金給付也會隨之增加。

年金險的風險

為什麼年金險可以領一輩子？

台灣壽險公司投資海外資產的占比平均達六八%，當全球局勢不穩定時，壽險公司面臨海外投資的波動風險也將大幅提高。倘若美國實施零利率甚至負利率，長期下來會擴大壽險公司的利差損[8]。

年金險有以下四種風險：

---

[8] 當保險公司資金運用的實際報酬率比預定利率低的時候，稱為「利差損」。

表 13　某保單提前解約費用[1]

保單經過年度	未滿一年	一年～未滿二年	二年～未滿三年	三年～未滿四年	四年～未滿五年	五年～未滿六年	滿六年以上
解約費用率	5%	2.6%	2.2%	2.1%	1.4%	1.2%	0

註 1：解約費用＝申請解約之年金保單價值準備金 × 該保單經過年度對應之解約費用率

一、稅務的風險

年金險屬於人身保險，所繳保費適用所得稅保費列舉扣除額兩萬四千元的額度。年金險也是生存險，若在累積期時身故，保險公司將退還保單價值，且因年金險不屬於壽險，所以需課徵遺產稅。

年金險的要保人若與被保險人為同一人，不會有贈與稅的問題，若為不同人，就有贈與稅與最低稅負制❾保險給付課稅的可能性。

二、留意前六年提前解約費用

年金險雖然有低附加費用率的特性，但也因為投入的成本不高，所以利變型年金險通常會設計五至六年遞減型的解約費率，避免保戶輕意解約保單，造成保險公司損失。表13為某家保險公司所訂出的解約費用，從表中看來，未滿一年解約就要額外被收取五%解約金，也是一筆不小的數目。

三、保險公司經營風險

在年金險的累積期，如果投資型年金險的投資風險在保戶身上，利變型年金險的投資風險就在於保險公司的操作績效，若對操作績效不滿意，累積期間可以隨時解約。但開始進入年金給付期時，就只能乖乖領取年金，無法做任何變更或解約。所以，慎選財務穩健的保險公司是投保年金險的重要條件。

❾ 有關最低稅負制中保險給付課稅原則，係指人壽保險及年金保險給付的受益人和要保人為不同人。死亡給付部分，每一申報戶一年總額在三千三百三十萬元以下者免稅；超過者則扣除三千三百三十萬元後的餘額就要扣稅。

根據金管會要求保險公司的標準，資本適足率[10]指標要二五〇%以上、淨值比三%上才算標準。如果資本適足率不到五〇%且淨值比[11]為負數時，顯示資本嚴重不足，此時就要由安定基金接管。當淨值率愈高，表示保險公司的投資績效成果佳，因此我們可以每半年檢視一下保險公司的投資績效，並確認好的績效表現是否也反應在年金險的宣告利率。

四、計價幣別匯率風險

以退休規畫的角度思考，如果有出國旅遊或海外居住的需求，外幣計價的利變型年金險不失為一個好選擇。舉例來說，二〇二〇年五月美元計價的利變型年金險宣告利率是二・七%，比台幣計價的年金險高。但考慮到台幣兌換美元的匯率風險，以及每次繳費的匯率變動，可能賺了利率卻賠了匯差。

年金險怎麼買

利變型年金險的商品內容相對簡單，保險公司的網站都有詳細的說明資訊，甚至有線上真人客服，因此可以考慮網路購買。而且因為網路投保少了保險顧問的服務流程，附加費用率會比較低。再加上網路投保常有促銷贈品或抽獎，彈性會大很多。

不過，如果你是個重視售後服務多於節省成本的消費者，也可以透過保險顧問購買。畢竟很多保險都是在理賠時，才知道專人售後服務有多重要。表14

---

❿ 資本適足率（Risk Based Capital ratio）是衡量保險公司財務風險的一種指標，數字愈高愈好，公式為：自有資本額÷風險性資本額×100%。「資本適足率二五〇%」指的是風險發生時須理賠一百元，但該保險公司可以拿出兩百五十元因應，代表公司的償付能力是健康的。

⓫ 淨值比是用來檢視保險公司的資產管理及投資績效，數字愈高愈好，公式為：淨值÷扣除分離帳戶後資產×100%。每半年檢視一次，如果連續兩期低於三%，就是警訊。

表 14 年金險購買通路比較

	在網路買年金險	向保險顧問買年金險
購買時差別	• 參考資料多，通常有線上客服，	• 由顧問提供專人解說。
保險種類	• 有網路限定款。 • 能專注選擇，可以同時比較。 • 專有名詞不容易懂。	• 商品種類多，可以同時規畫其他保險。 • 有任何疑問可以直接解答。
投保時間限制	• 沒有打烊時間，保戶可隨時投保。	• 需配合自己和保險顧問時間。
所繳保費及售後服務	• 有網路折扣或促銷贈品機會。	• 專人售後服務。

提供了網路購買和向保險顧問購買的比較，可以視自己的情況來選擇。

一張圖搞懂如何挑選年金險

利變型年金險有累積期、給付期和保證給付的概念，這種設計概念和勞保年金大致相同。當勞保年金進入給付期時，我們同樣只能乖乖領勞保年金，同樣是活愈久領愈多。但勞保年金的設計機制比較偏向年金險甲型，不像年金險乙型，領取的年金還可以因應每年利率的變化而有機會增值。

也因為和勞保年金的邏輯相似，或許我們可用世界銀行建議的退休金規畫三支柱[12]來思考。

舉例來說，如果我們從二十五歲開始工作並投保勞保，退休時的勞保投薪

[12]「三支柱理論」是世界銀行於一九九四年針對退休保障提出的方案。

資為四萬五千八百元，六十歲時約可請領的勞保年金將近兩萬元，這是退休年金規畫中由國家給付的第一支柱。領取勞保年金之外，還有企業提撥的六％勞退新制年金，這是退休年金規畫中由企業給付的第二支柱。再搭配不同風險屬性的領息工具，加上保本的年金險終身俸年金，這就是由我們自己規畫的第三支柱。有了完整的退休金三支柱，就能更快且更安心地達成提早退休的目標。

那麼我們應該如何挑選符合自身需求的利變型年金險乙型呢？先問自己三個問題（參圖11）：

一、**我存入的錢可以放六年以上嗎？**

如果答案是肯定的，利變型年金險可能很適合你，因為六年內解約有逐年遞減的解約費用。提供一個小技巧：如果已投保的利變型年金繳費超過六年，那麼後續存入的錢都不會有解約費用的問題。

圖 11 年金險的挑選原則和步驟

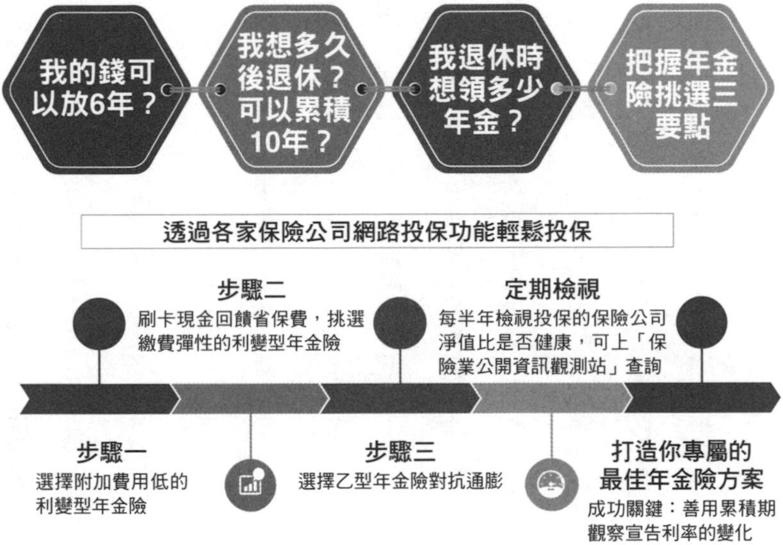
我的錢可以放6年？
我想多久後退休？可以累積10年？
我退休時想領多少年金？
把握年金險挑選三要點
透過各家保險公司網路投保功能輕鬆投保
步驟二
刷卡現金回饋省保費，挑選繳費彈性的利變型年金險
定期檢視
每半年檢視投保的保險公司淨值比是否健康，可上「保險業公開資訊觀測站」查詢
步驟一
選擇附加費用低的利變型年金險
步驟三
選擇乙型年金險對抗通膨
打造你專屬的最佳年金險方案
成功關鍵：善用累積期觀察宣告利率的變化

二、**我想多久後退休開始年金給付期？能累積十年以上嗎？**

如果答案是五十五歲之前，那麼你至少要在四十五歲前就開始投保年金險，才能選擇進入年金給付階段。在此之前努力工作理財，讓錢生錢吧。

三、**退休時希望領多少年金？**

如果答案是每個月五千元，你可能需要每個月存入五千元，再用二十年的累積期透過複利增值，並選擇保證給付期二十年。國人平均餘命約為八十歲，如果選在五十五歲退休，至少要準備足夠二十五年使用的退休金。當然，可以領一輩子的年金險會讓你在有生之年領不完。

問完三個問題，接下來就是在在琳瑯滿目的利變型年金險中找到最佳主角。只要掌握以下三要點，就可以篩選出不錯的商品。

要點一：選擇附加費用率低的利變型年金險

如同前面介紹過的每一個領息天王，盡可能挑選費用率低的商品，省下來的成本就是增加的收益。年金險的費用率都很透明，會直接在商品說明中陳述。一般年金險的附加費用率在三至五％之間，如果透過網路投保，因為少了業務佣金成本，通常費用率會低於二％以下。

要點二：透過網路投保，挑選繳費彈性、可刷卡繳費的險種

既然要透過網路投保，如果還得用帳戶扣款或現金繳費，又得回到實體通路辦理一些手續或到超商繳費，有時還會忙忘了。這時可以選擇網路刷卡的繳費方式，挑選一張繳保費還有現金回饋的信用卡，平均可省下〇．五至一．％的費用，等於把附加費用率都賺回來了。或者刷卡累積紅利或哩程數，長期下來也幫自己賺了一、兩張機票，何樂而不為。

的不多了。

要點三：選擇乙型年金險抗通膨

加上第三個條件，可以網路投保、附加費用率低又能刷卡繳費的保單就真的不多了。

我以這三個條件找到的商品不多，有「新光人壽EZ Cash利率變動型年金保險乙型」、「國泰人壽超有利利率變動型年金保險乙型」和「中國人壽活利旺利率變動型年金保險乙型」等商品，相關的案例和試算，可以進入保險公司網站依自己的需求進行試算。

掌握了三個問題及三個選擇要點，你就可以自行上網挑選，找到一個能抗通膨、鎖利又能領一輩子的年金險。投保之後，每半年記得上「保險業公開資訊觀測站」網站，點選要查詢的保險公司，找到「財務概況」裡的「資本適足性之揭露表」，檢視你所投保的保險公司最新淨值比變化，確認一下是否依然穩健，讓你投保得更安心。

投資贏家的領息小提醒

年金險專注在保障人活太久的風險，

沒有身故保障，

如果退休生活想擁有穩定的現金流，

既能抗通膨，又不用擔心淨值波動，

年金險似乎會是首選。

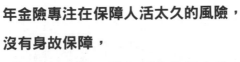

第二部

打造超越7%葡萄串領息攻略，讓你愈存愈少，愈領愈多

生命就該倒著活，一天比一天更健康。年輕時開始工作，擁有穩定的被動收入，盡情享受生活，嘗試人生的許多第一次，把生命浪費在自己有興趣的事物上。然後五十歲過後，像個小孩一樣回歸單純，無憂無慮地過生活，不再有壓力和責任……

想像一下，我們從出生後，一天比一天成熟，年紀愈大，責任就愈多，壓力也愈大，畢業後出社會工作，開始領薪水的日子，開銷也愈來愈大。然後突然有一天，驚覺自己根本無法不工作，否則就沒有收入可以應付生活開銷和更多的人生責任，從此被工作綁得死死的。

轉眼間來到六十歲。終於，兒女長大了，開銷少了一點。也存了一些養老金，但已經沒體力工作。也許是該享清福的時候了。這時猛然想起，年輕時還有很多夢想沒去做。想搭一輩子沒坐過的熱氣球，但心臟可能負荷不了；想去一趟歐洲旅行，十多個小時的飛機太辛苦……一長串的願望清單只能做刪去法。這就是我們大多數人生的寫照。甚至有人連到六十歲都還來不及走到，就只能和世界說再見，期望來世重來一次。

如果你有一次重新選擇的機會，會不會從年輕時就做出不一樣的選擇呢？但我們不需要知道答案，因為時間回不去了，唯一能做的就是正視自己目前所處的人生階段，未來的時間才是可以規畫和掌握的。

再試想一下，我們一生要花什麼錢？有三餐的吃飯錢、每半年繳一次的學費、一年出國旅遊一次的旅費，還有每個月繳的房貸、車貸或水電費，除此之外，結婚、創業、退休都要一筆錢。

曾有人力銀行針對理財目標做了問卷調查，排名前九名的理財目標如表15。從表中可以清楚知道，原來大多數人的理財目標根本不需要一直追求財富的增值，反而是每月或每年的固定支出，可以透過每年穩健增值的現金流收入來達成理財目標。

所以，只要能找出讓自己愈領愈多的領息收入投資組合策略，你會發現，未來的理財目標大都可以實現。

表 15 理財目標排名

理財目標	排行順位	支出方式
為退休生活準備	第一名	每月支出
子女結婚或教育費	第二名	教育金：每月／每半年支出 結婚基金：整筆支出
累積財富	第三名	整筆
為意外災害或疾病準備	第四名	整筆支出 轉嫁保險公司保費：每月或每年支出
購置房屋或修繕	第五名	買房首付及修 ：整筆支出 房貸繳息：每月支出
休閒旅遊	第六名	出國／旅遊：每年／每月支出
創業	第七名	創業初期：整筆支出 營業費用：每月支出
購買某種需要物品	第八名	整筆支出
結婚或搬家	第九名	整筆支出

資料來源：104 人力銀行

投資不重押單一工具

為了因應未來市場變動可能帶來的流動性風險及挑戰，愈來愈多人開始用配息收入來應對這樣的變局。第一部介紹的領息四大天王便具備了流動性高、現金流穩定、成本低和收益極大化的好處，同時也說明了挑選的方法，但工具是死的，唯有活用才能實現「生命可以倒著活」的情境。

或許你會認為，就算現在每個月存一萬元，一年本金十二萬元，投資配息率七%的債券，每個月似乎也只有七百元利息，實在沒什麼感覺。

但我認真地說，理財不需要有任何藉口，做就對了！在我多年來協助學員管理資產的過程中，真正能夠持盈保泰的關鍵，其實是心態，也就是心理素質。每個人都想要有高收益、保本又沒風險的投資工具，但殘酷的是，只要收益高，就需要擔心風險。

我的一位好友年輕時曾在企業擔任協助管理的角色，可靠的形象和刻苦耐勞的性格反應在她的理財行為上，讓她從來不好高騖遠，相信錢是存出來的。到了五十歲，她已經擁有自己的房子，還清了貸款。

其實她在三十多歲時，曾聽了建議買了原物料產業股票型基金，雖然一開始賺了些錢，但二〇〇八年的金融風暴讓她慘賠三〇％的本金。第一次失敗的投資經驗讓她知道，問題出在她根本不了解自己到底投資了什麼，只是聽人家說就跟著投資了。

五十歲時，她再次聽從建議，投資了配息債基金，心想這次選的是每月配息七％的債券型基金，應該不至於慘賠。於是從高收益債基金投資到新興市場主權債基金，配息率也提高到十二％。幾年下來穩定的高配息收益，讓她開始盤算著提早退休的日子不遠了。

接著，她把大部分的本金投入到新興市場主權債，孰料二〇一九年，新興市場發生阿根廷債務危機，比索大貶，開始限制外匯匯出，結果引發資金對新興市場債的恐慌性賣壓，造成基金淨值下跌。配息也因為外匯管制，配息率從十二%一路下滑到九%。心慌的好友情緒又壟罩在二〇〇八年慘賠下的陰影。幸而她想起之前買的一張台幣六百萬的美元保單，因為已經繳完保費，之後每年會增值約三%，這才讓她的心情安定不少。

經過兩次投資經驗，好友表示再也不敢把資金都押在單一投資工具上了。最好的方式應該就是兼具合理配息、穩健且透明度高、又能彈性調整投資組合，才能因應不可知的市場突如其來的大變化。

講了這個故事其實是要提醒你，做好資產配置，才能有效避開風險。

接下來，我將分享讓我受用無窮的「葡萄串完全領息攻略」，帶你規畫穩穩領息的創富人生，讓你的錢愈存愈少，領的息卻愈領愈多。

05 三階段領息目標設定法，提高你的投資勝率

無論你幾歲，都可以隨時開始啟動你的領息人生；無論你有多少本金，都可以很快地從領息工具中獲得收益。關鍵是，你得找對適合自己的方法，並且採取行動；關鍵是，你得把領息本金當做是金雞，讓它幫你下金蛋。

設定目標，理財才不會亂了手腳

根據國際CFP認證財務規畫步驟原則，永遠都是把理財目標放在最優先

討論及規畫順位。就像寫文章一樣，一定要先有清楚的主題，才能列出大綱，寫得條條有理。同樣的，想要提高領息投資勝率，也得先有清楚的領息目標。透過以下三階段領息目標設定法，你會更有概念。

階段一：先求有再求多，領息真好

好不容易存了十萬元，配息率有七％，換算每個月的配息，一個月只有約五百八十三元（100,000×7%÷12）。或許你會覺得好少，是的，當本金不夠多的時候，領的息少就會有這種感受。也因為如此，有些人往往就放棄了。

我來說個例子。從事服務業的婷婷三十五歲，做事認真，是個小主管。由於工作時間不固定，不能有自己的時間，所以就用定期定額買基金來作為她的存錢理財規畫。有時報酬讓她很滿意，會拿點小錢犒賞自己。不過一旦市場不好，就會讓她心慌慌。有一年，公司因景氣關係業績不好，獎金收入減少，加上母親生病，花了一筆錢。頓時排山而來的壓力讓她想動用投資的錢，但那時市場表現不好，不適合贖回。後來聽了我的建議，把投資標的轉換到配息債基金領息，才填補了她原有收入短少的缺口。

簡單來說，除了投資風險之外，我們一生中還是會遇到急需金錢的狀況或收入減少甚至中斷的風險，這時善用配息的好處，就可以幫助我們持續理財的計畫。也就是說，或許你會嫌領的息太少，不夠塞牙縫，但其實只要持續不斷地養著幾隻金雞，它們就會幫你生金蛋，你的領息收入就會愈來愈多。

階段二：讓領息數字朝固定開銷支出靠攏

當領息收入隨著時間累積而愈來愈多時，就可以進行第二階段領息目標的設定了。首先計算出每月的固定開銷，想辦法讓領息金額接近固定開銷支出。因為當領息收入開始大於每月固定開銷後，你會發現，就算暫時沒有工作收入或減少，仍然不會影響到你的心情或生活品質。

在這個階段，我會建議使用坊間的記帳APP，至少持續記帳三個月，找出平均固定開銷的金額。我常覺得，記帳這件事是違反人性的，因為很多人記帳時，如果發現這個月花費太多，就會懲罰自己下個月少花一點。但這並不是件開心的事。所以對我來說，記帳方式一定要符合下列兩個特性，不然很容易半途而廢。

一、**隨時消費自動記錄：**通常這就要仰賴手機掃描電子發票存入載具的功能了。這樣做，大概可以自動記錄八〇％的日常開銷。當然，這樣的記帳方式還能幫你的發票自動兌獎，當系統通知中獎時，除了想著自己有多幸運之外，也會更有動力繼續記帳。

二、**一次設定好領息收入（開銷支出）的目標：**每次消費記帳時，可以一直提醒自己的領息收入數字是多少，把數字牢記在心。另外，對上班族來說，記收入似乎沒有太大意義，因為每個月的收入不會有太大變化，久而久之就會覺得無趣。但若把每個月的領息收入放進去，想著領息收入大於每月開銷支出的那一天，是不是覺得輕鬆許多？這就好像每個月幫自己加薪一樣，減輕了為錢奔忙的壓力。

至於什麼樣的APP好用，其實搜尋一下記帳APP排行榜，從最多人使用的前三名中選一個符合自己的需求就可以了。然後至少堅持記帳三個月，找出固定開銷的平均數字，並把這個數字當做領息收入的目標。

你可能沒想過，學習記帳，做好理財規畫，還可以幫助你提高工作收入或增加被老闆賞識的機會。

我在幫企業上課或是替人事部門溝通員工訓練計畫時，大部分的管理階層都希望以提升員工生產力和工作技能為主要培訓目標，但我會告訴主管，若能讓員工學會自主理財、做好財務計畫，有能力檢視自己的財務健康度，那麼員工在少了財務壓力之餘，反而更能提升工作效率。

試想一下，如果員工可以理好自己的財務、養成記帳習慣，設定好目標後堅持下去，那麼他在工作上一定也能做好時間管理，在要求的時間內完成任務。如果你是主管，不想要這樣的員工嗎？你知道為什麼大部分的學習或線上課程都會規畫大約二十八天的學習？因為一般習慣的養成和改變至少需要二十八天。所以如果員工可以三個月持續記帳、堅持理財，他肯定有很好的工作習慣和專注力，可以勝任你交辦的工作。

說到這，你是否也蠢蠢欲動、準備開始記帳？

階段三：提早退休的打算，至少有七成到一倍薪資的領息收入

當你動了提早退休的念頭時，有可能你已經達到第二階段，你的領息收入大於固定開銷支出。但這只能應付固定支出的數字，仍不足以讓你安心放下工作，做自己想做的事。不過我想，能夠走到第三階段，表示你對領息收入的穩定性和掌握度已累積了一定的經驗。

關於提早退休的定義，我認為是在五十到五十五歲從職場退下，但退而不

休，仍然繼續從事自己感興趣的事情或工作，當然也可以因為這些工作而有收入。不同的是，你的動機是為了興趣或圓一個夢，而不再是為錢工作。

想像一下，過去在職場努力工作階段，我們通常是把時間交給工作，讓工作幫我們安排自己的人生作息。早上七點起床，八點左右到辦公室，然後是一連串的會議、電話、討論和執行。若身為主管，還得解決人事問題。一直到晚上八點左右，忙碌的一天就這樣過去了。隔天繼續著同樣的行程。

如果把生活重心切換到自己感興趣的事，也許是已經提早退休狀態，也許只是不再把固定時間的工作當成人生重心，我們讓時間的發球權重新回到自己手上。例如早上醒來後給自己煎個蛋，來份營養早餐，再來杯親手磨豆的手沖咖啡，彷彿全世界都在等著自己下指令。動動腦筋，在早上頭腦特別清楚的時候，思考一下創意的點子，或是困擾了你一整晚的問題。突然間，答案就出現了，然後開始執行，可能只花了三十分鐘就完成工作。不禁驚呼一聲，因為這些事在辦公室可能得花上兩倍時間才能完成。

這就是靠領息收入提早退休的人生之最大改變。無論如何，重點是時間都由自己安排，所以花的錢會比以前少。例如可以不用外食，自己在家裡煮飯；原本每天買一杯拿鐵要七十元，現在自己磨豆再打奶泡，成本不到三十元；應酬減少了，不用再多花治裝費。因為多出來的是過生活的時間，少了工作時間，就可以用時間來取代金錢成本。

當然，提早退休不代表就要失去全部的勞動收入。我有位從資訊業退休的朋友，他在五十五歲提早退休後於教會當志工，除了領息收入，每個月還領取一定金額的志工收入。既能做著自己想做的事，也有額外的收入。

所以，提早退休時的支出設定在原本工作收入的七成到一倍是很足夠的。根據世界銀行的定義，退休後每個月的收入至少要有退休前工作收入的七成，才能享有和退休前一樣的生活品質。或許很多人會說不夠，但其實我們到了六十至六十五歲，還有勞保、國保或其他退休年金給付。當然，你也可以設定領息收入至少超過工作收入的一倍以上或更多，因人而異。

財務健康如同擁有強力的核心肌肉

透過三階段的領息目標設定，你開始有了執行的方向和動力。但在開始執行領息計畫之前，還有一件事情得做，那就是檢視自己的財務健康度。

先說一下我長年騎飛輪單車運動的心得。

一開始運動時，我只知道用盡力氣跑步、努力做重訓，認為很多事只要盡力就一定可以達成。直到上了小黃老師的飛輪課，才有了全新不同的看法。

一般會覺得，上飛輪課不就是拚命地騎，努力消耗熱量就好？上過運動課的人或多或少都聽過「核心肌群」，核心肌群是人體用來保護脊椎的肌肉，主要是指腹部周圍的肌肉群，包括背部、腹部和臀部的不同肌肉群。如何用到核心肌肉的力量，簡單來說，就是把臀大肌提起，腹部往裡縮，使背部肌肉往內縮的一種力量。你可以想像核心肌肉的力量就像是穿著一件內衣束腹，支撐著我們的脊椎。如果力量不夠，會產生的問題就是容易腰痠背痛，嚴重時還可能造成骨盆位移、椎間盤突出等會造成行動困擾的疾病。

不運動時要使用核心肌肉的力量都不容易了，更何況是在會搖搖晃晃的飛輪單車上？然而透過飛輪單車訓練，不只讓我學會了專注和堅持，並且透過動態不平衡方式破壞騎乘的穩定，加強了我對不穩定情況的適應能力。

小黃老師說，有人為了練出強壯的肌肉線條，會刻意選擇高強度的重力訓練，承擔更多使用肌肉的人體風險。這樣的運動強度雖然可能得到令人羨慕的肌肉線條，卻可能提高運動傷害風險。這就好像我們進行投資理財，選擇高風險的投資工具，狀況好的時候，收益令人滿意，但風險來時，往往受傷慘重。

二〇二〇年第一季猶如洗三溫暖，先是迎來美中貿易達成初步協議的利好，而後英國順利與歐盟達成脫歐協議，一度激勵全球股市上漲。突然間，新冠病毒來得又急又快，無論股票和債券的體質好壞，在恐慌性拋售下，大部分的資產都面臨大幅虧損的壓力，美股甚至在十天內熔斷四次，造成全球資金流動性的危機。就連股神巴菲特在疫情期間大買航空股後，接著又認錯賣出，驚呼是他有生之年從未見過的景象。直到三月全球開始大幅降息，實行貨幣寬鬆等財政政策，才使得股票、債券市場反彈回穩。

當時的市場總算稍微回穩，但回頭看，當你遇到類似情況時，你的財務足夠應付這突如其來的市場大跌，甚至是流動性風險所帶來的危機嗎？如果這段時間沒了工作，你的存款可以讓你堅持多久？

健康的財務就好像我們人體的核心肌肉力量，在面對不穩定或高強度的壓力時，可以保護我們的身體（財務）安然度過壓力，並且有足夠的正面心態來面對市場變化。

用三指標檢視財務健康度

如何知道自己的財務核心力量是否足夠強大呢？透過下列三項指標，你可以檢視自己是否有辦法安然度過不同時期的市場變化，以及金融風暴所帶來的流動性風險，而不至於中斷領息收入計畫。

指標一：生活周轉金充裕度

計算周轉金充裕度的公式是：流動性資產÷月支出。例如銀行存款有三十萬元，每月開銷是五萬元，生活周轉金充裕度就是六（300,000÷50,000＝6）。

當生活周轉金充裕度大於三而小於六時為合理數字，若小於三則太冒險，大於六又相對過於保守。簡單來說，數字「六」的意義代表你可以馬上變現又不會造成損失的資產，例如現金存款、貨幣基金等，萬一現金流出現問題時，可以支付六個月的固定開銷，不至於讓生活陷入困境。

二〇二〇年在疫情的影響下，許多企業面臨暫時無法復工的困境，甚至許多中小企業的周轉金撐不到三個月，許多人必須領取紓困救濟，才能過得了難關。所以有了充足的生活周轉金，便能解決短期的流動性風險問題，企業因有足夠的周轉金而不至於倒閉，個人則不會因此得中斷投資。當然，也就能夠從容地判斷接下來可以怎麼因應市場的變化。

指標二：負債比例

負債比例的計算公式是：總負債÷總資產。例如，包括信用卡債、房貸的總負債是六百五十萬元，所有可變現的總資產是一千萬元，因此負債比例就是〇・六五（6,500,000÷10,000,000＝0.65）。

如果數字大於〇・五，表示大部分的資產都是舉債來的，利息成本高，又是非還不可的固定開銷。萬一遇到流動性不夠的風險，又沒有準備足夠的生活周轉金，就可能會面臨還不出債務的信用風險。嚴重時，還可能因為還不起房貸而遭法拍，或過度使用信用卡循環及分期消費，造成信用破產的紀錄。

指標三：財務自由度

財務自由度的計算公式是：年領息收入÷年總支出。例如每年的領息收入是六萬元，每年的總開銷支出是十二萬元，財務自由度就是〇．五（60,000÷120,000＝0.5）。

理想的數字是大於一，意思是，當你的年領息收入大於年總支出時，就不用受限於工作收入，擁有高的財務自由度。若想提早退休，通常可以設定財務自由度的目標在〇．七至二左右。

優質的資產就像你的脊椎，可以幫助你創造源源不絕的現金流。而財務健康度的三個指標就好像核心肌肉群的腹肌、背肌和臀大肌，支撐著你最重要的脊椎。

就以小黃老師常說的一段話作為結論：當你擁有足夠的核心肌肉力量時，要做什麼事都能游刃有餘而不容易受傷。所以，當我們擁有合理的領息財務健康度三項指標，那麼進行投資理財時，無論面臨什麼樣的市場風險，都不容易因為短期波動而讓財務受重傷。

投資贏家的**領息**小提醒

退休後每個月的收入，

至少要有退休前工作收入的七成，

才能享有和退休前一樣的生活品質。

06

掌握領息心法，就能愈理財愈輕鬆

有聽過「小豬存錢法」嗎？我有位朋友在她的理財顧問崗位上始終致力推廣小豬存錢法，讓許多年輕人開始有了存錢的好習慣，後來甚至在網路上流行了起來，我想在書裡再分享一次這個存錢方法。

無壓力日日存錢法

「小豬存錢法」的另一個名稱叫「日日存錢法」。首先準備一張有數字一到三六五的表格（參表16），代表一年三百六十五天，然後另外準備一個大豬公存錢筒。

接下來，我們試試怎麼用小豬存錢法和它的結果。

領薪日通常手頭比較寬裕，如果你是每月二十五日領薪水，當天就投入三百六十五元進存錢筒，隔天二十六日投入三百六十四元，以此類推。

我們可以把表格分成三等分，每天養成習慣把錢存進存錢筒裡，月初有錢時存數字大的，月底沒錢時存數字小的，月中則從中間找自己喜歡的數字。存入了相對應的錢時，就把那個數字劃掉，當表格上的數字都劃掉了，代表已經過了一年。猜猜看，這時你的存錢筒裡總共存下多少錢？

答案是六萬六千七百九十五元。

是的，小錢經過累積出來的數字，通常會讓我們覺得比想像的多，這種存錢方式的關鍵重點是：第一，執行起來很方便，幫助更多人在沒有壓力的情況下存錢；第二，開始養成儲蓄的好習慣，又能把錢存下來，但記得至少要持續

表 16 小豬存錢法

1	2	3	4	5	6	7	8	9	10	11	12	13	14	15	16	17	18	19	20
21	22	23	24	25	26	27	28	29	30	31	32	33	34	35	36	37	38	39	40
41	42	43	44	45	46	47	48	49	50	51	52	53	54	55	56	57	58	59	60
61	62	63	64	65	66	67	68	69	70	71	72	73	74	75	76	77	78	79	80
81	82	83	84	85	86	87	88	89	90	91	92	93	94	95	96	97	98	99	100
101	102	103	104	105	106	107	108	109	110	111	112	113	114	115	116	117	118	119	120
121	122	123	124	125	126	127	128	129	130	131	132	133	134	135	136	137	138	139	140
141	142	143	144	145	146	147	148	149	150	151	152	153	154	155	156	157	158	159	160
161	162	163	164	165	166	167	168	169	170	171	172	173	174	175	176	177	178	179	180
181	182	183	184	185	186	187	188	189	190	191	192	193	194	195	196	197	198	199	200
201	202	203	204	205	206	207	208	209	210	211	212	213	214	215	216	217	218	219	220
221	222	223	224	225	226	227	228	229	230	231	232	233	234	235	236	237	238	239	240
241	242	243	244	245	246	247	248	249	250	251	252	253	254	255	256	257	258	259	260
261	262	263	264	265	266	267	268	269	270	271	272	273	274	275	276	277	278	279	280
281	282	283	284	285	286	287	288	289	290	291	292	293	294	295	296	297	298	299	300
301	302	303	304	305	306	307	308	309	310	311	312	313	314	315	316	317	318	319	320
321	322	323	324	325	326	327	328	329	330	331	332	333	334	335	336	337	338	339	340
341	342	343	344	345	346	347	348	349	350	351	352	353	354	355	356	357	358	359	360
361	362	363	364	365															

二十八天。

不管你現在處於哪個資產階段、能賺多少錢，更重要的是能存下錢。如果能夠一邊存錢一邊領息，把存的本金當做金雞，持續養出更多金雞或把金雞養大，那麼生的蛋就會愈來愈多，這也意謂著領息收入會愈來愈高。

三階段目標領息心法

第五章介紹了三階段領息目標設定的方法，透過三大心法結合這三階段目標，讓你愈存愈少、愈領愈多。

「先求有再求好，領息真好」的領息目標階段

這一階段最怕的是堅持不住，抵擋不了消費誘惑，加上本金不多，使得領息效益很低。這時我們可以用「小豬存錢法」的特質，把一個月分成三等分，

每個月至少存三次。例如領薪水時，至少定期定額三到五千元，若到月中但花費不多時，可以再投入一到三千元，等到了月底，再投入至少一到三千元。

目前可以領息的定期定額投入門檻較低的是債券ＥＴＦ，最低門檻為一千元，配息基金定期定額的最低門檻則為三千元。

這個階段領息目標的特色與好處包括：

一、**降低投資壓力：**將一個月拆分為一次定期定額加上兩次不定期不定額，降低原本一次要投入的金額，如此也相對降低了投資的壓力。假設這個月多領了一筆季獎金或績效獎金，就可以毫無壓力地想著接下來應該再加碼多少金額，盤算著下個月可以再領多少息。

二、**養成投資領息的習慣：**透過這樣的投資方式，不僅讓我們養成存錢的習慣，同時也開始習慣了領息的快樂。因為不同領息工具的領息日略有不同，一個月不只一次有銀行ＡＰＰ通知有錢入帳的訊息，那種成就感會讓你想再多存更多。

三、**小額領息收入投資自己**：由於這個階段累積的領息收入不高，因此可用來作為旅遊的零用金、平常人際關係交際或學習用途。我把這些費用都視為投資用途，投資在自己的專業、擴展人脈資源，甚至旅遊充電，會讓自己工作更帶勁。

「月領息收入大於每月固定開銷支出」的領息目標階段

透過第一階段先求有再求好的目標，大約三到六年就會很有存錢領息的感覺了，這時你會有非常強烈的存錢動機，也累積了一些本金，因為可能加了薪，增加了投資預算。在這個階段，最好已經存到第一個一百萬本金，以配息率七％計算，一年就有七萬元配息，相當於每個月有將近六千元的領息收入。

通常在這個階段，月領息收入離每個月的固定開銷支出愈來愈接近，除了會想要加倍領息之外，也開始擔心本金波動的風險。畢竟，本金十萬元下跌二〇%，就是損失了兩萬元，而當本金有一百萬元下跌二〇%，就會損失二十萬元，心理壓力會比較大。所以，這個階段除了追求本金增長之外，也要考慮降低領息標的的波動風險。

這個階段領息目標的特色與好處：

一、**一個月一次定期定額及單筆增額：**由於已經養成了存錢習慣，只要每月執行一次定期定額就行了，如果有額外的獎金，再來單筆增額加碼即可。這樣的好處是資金運用好管理，也因為有一定的投資經驗，可以更精準地挑選優質領息標的。

二、**將領息收入再投資，加速累積本金的速度：**這時候的領息收入金額較第一階段來得多，可以挑選的投資標的也更多，例如可以加入特別股或單筆的債券ＥＴＦ，提升投資組合的穩定度。

三、**採取人生目標並進法：**這個階段或許開始有了買房、買車、結婚生子的想法，在盡可能不動用到本金的前提下，備妥買房、買車、結婚生子或其他目標的頭期款後，再把領息收入作為每月支應金額，如此便能輕鬆實現人生不同階段的夢想。

四、愈存愈少，輕鬆理財：就算不想買房、買車或抱持單身主義，也可以維持和第一階段一樣的投資預算，只是預算的一部分來源來自於領息收入。例如原本每月投資一萬元，其中包括領息六千元再投入，因此每個月只要再從工作收入中提撥四千元就可以了。多出來的可支配所得讓你可以享受生活，你會發現，生命原來真的可以倒著活。

「追求提早退休」的領息目標階段

到了這個階段，表示可能有了家庭，父母年紀也大了，而且在工作職場中擔當了更多責任，此時開始覺得該為自己做些事。現階段的收入雖然足夠讓自己好好過日子，但若想要提早退休，領息收入就至少要達到目前工作收入的七成，或甚至一至兩倍才行。不過實際需求因人而異，不用過於拘泥。

這個階段領息目標的特色與好處包括：

一、**追求本金淨值及配息率的穩健度**：這個階段的本金至少累積了三百至六百萬元以上，若以七%配息率計算，每月平均可領息一萬七千五百元到三萬五千元。想像一下，如果經歷市場急跌一〇%，本金十萬元只損失一萬元，但本金三百萬元就跌掉了三十萬元。如果配息率也跟著下降的話，很有可能因為對市場下跌的強烈恐懼，導致做出「逢低賣出」的錯誤決策。因此，挑選優質穩健的標的就更加重要。

二、**利用多元資產配置再平衡，逢低買進，逢高賣出**：由於離提早退休時間愈來愈近，透過資產配置再平衡的方法，就能形成逢低買進、逢高賣出的機制。例如設定股債比為五比五，將五十萬元投資債券，五十萬元投資股票。當股票大漲變成七十萬元時，股票比重就會變高，於是在股票漲多時於高點賣掉十萬元股票，此時因為債券位於相對低點，因此將賣掉的股票十萬元在低點投入債券中。這時就會回到股票六十萬、債券六十萬的五比五比例，同時也執行了逢低買進、逢高賣出的動作。因此，合理的多元資產配置再平衡在這個階段相對更重要。

三、**愈領領多**：如果以六百萬元本金、七%配息率計算，每年約有四十二萬元的領息配置，倘若全部再投資，兩年下來，本金就有機會再增加一百萬。累積本金的速度會愈來愈快，領息收入愈領愈多，財務自由度也愈來愈高。

只要設定了領息目標，我們就可以更清楚地掌握自己正處於哪個階段。下一章，我將分享自己如何打造更勝七%的黃金領息組合配置，教你在不同領息目標階段配置你的領息組合。

投資贏家的**領息**小提醒

開始養成儲蓄的好習慣，
記得至少要持續二十八天。
把存的本金當金雞，
持續養出更多金雞或養大金雞，
領息收入就會愈來愈高。

07 我靠這招打造超越七％領息四大天王黃金組合

在第五、六章中，我從三階段目標領息法的概念，針對每個人所處狀態和適合階段進行分類，並說明了實際的做法。如果你的投資經驗已經超過十年，就一定能理解股、債市的漲跌乃是正常現象，有賺有賠的過程也是常態，未到最後終點的結果都只是過程。

但如果你是投資新手，想加入領息一族，對於短期市場波動及淨值變化可能非常在乎，因此在開始執行領息方案之前，得先用三個指標檢視財務健康度，判斷是否足以應付未來市場的波動。倘若你的財務健康度三指標都在合理範圍內，自然能以比較穩定的心態來看待市場變化。如果其中有一項指標未達標，建議的做法是一邊開始你的領息投資，一邊優化你的財務健康度。

財務健康度很重要嗎？接著來看一個案例，你就會明白了。

不要輕易殺掉你的金雞

老林工作十分幹練，為了給老婆孩子一個好環境，還買了一間房子。儘管有十多年的房貸要繳，但甘之如飴。也因為固定開銷和房貸還款支出較高，他的負債／資產比相對高，因此他總想著能透過投資賺到更多被動收入。

他早已習慣在股市裡殺進殺出，二〇一九年底股市一路漲的情況讓他嘗了點甜頭，於是把平常生活用的周轉金也加碼投入。誰知道二〇二〇年的疫情導致公司放了無薪假，股市的大跌讓他的本金賠了不少，就連本來只想小賺一筆就收手的周轉金也拿不回來。眼看年關期間花了不少錢，又不知道股市何時回穩，工作復工日遙遙無期，只好趕緊把投資的錢認賠拿回來。就這樣一來一往，本金就減少了，等於把養的金雞變小了，生下的金蛋也變小了。

這樣的案例其實不在少數，也正是因為沒有事先做好財務健康度的檢視與規畫所造成。因此在加入領息行列之前，務必正視自己的財務健康度，否則隨時可能殺掉養了很久的金雞。

掌握三階段領息目標與心法後，到底我們應該投資什麼標的以及如何規畫，接下來我將帶你實際操作，分享我打造更勝七％領息四大天王黃金組合的祕招。

搭配三目標，規畫月領息組合

想像一下，當我們開始了領息生活，領息的收入就像圖12的葡萄串一樣從根部發芽，如果樹枝長得健康壯實，結下的果實也會甜美多汁，就算是掛在最

圖 12 葡萄串領息規畫組合

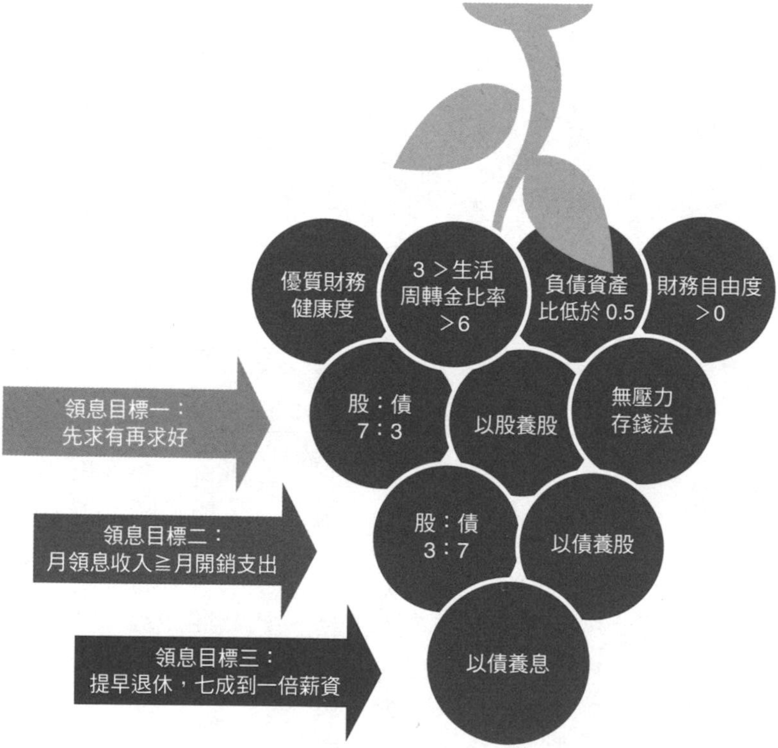

下面的那顆葡萄，也同樣能長得又大又肥美。

無論正處於領息目標的哪個階段，操作策略各有不同，但都有辦法可以搭配出超過七%的領息組合，以下是各階段的策略說明。

目標一：「先求有再求多，領息真好」階段組合規畫

- 規畫重點：股債比為七比三，以追求較高配息率及淨值增長的機會為優先。
- 執行策略：
  一、以股養股：領息標的挑選波動大的，標的類型可以多樣化。
  二、無壓力存錢法：一次定期定額+兩次不定期不定額。
- 參考範例投資組合配息率：八．二三%。

在開始領息階段，通常是第一次接觸投資或是年紀較輕、剛開始理財的上班族。此時可投入的本金較少，但由於投資時間長，因此很適合定期定額的投資方式，例如用股票型配息基金、高收益債配息基金和高收益債券ＥＴＦ來做主要配置。

接著透過無壓力存錢法，分三次投入定期定額。除了可以分散股票及高收益債等波動較高標的的風險，也能透過定期定額投資門檻低的ＥＴＦ（只要一千元），在有限的預算裡，達到最大化的投資多樣性及彈性，同時也增加了淨值增長的空間。

由於本金不多，領到的息也較少，因此只要累積到一千元，可以繼續加碼定期定額買股票ＥＴＦ，例如選擇投資元大台灣50（0050）、元大台灣高股息（0056），透過以股養股的方式讓領息收入利滾利，之後再滾回本金，加速增長的速度。也因為定期定額具有平均成本的特性，能夠分散這類金融工具波動大的風險，也可以提高本金增長的機會。

表 17 定期定額平均成本概念

	投入本金	淨值	購買單位數
第一個月	10000	10 元	1000
第二個月	10000	5 元	2000
第三個月	10000	4 元	2500
第四個月		6 元	
加總	30000		5500

例如，假設每個月投入一萬元，購買每單位淨值十元的股票基金，可以買到一千個單位。如果第三個月的淨值大跌到只剩四元，第四個月反彈到六元，三個月下來總共買了五千五百個單位（參表17），當月的總資產為三萬三千元（6×5,500＝33,000）。也就是說，投入本金共三萬元，淨賺了三千元，投資報酬率是一〇％。有趣的是，雖然淨值仍未回到原先十元的價格，卻已經賺錢了，這就是定期定額平均成本的好處。

接下來，就以七比三的股債比、八・二三％的平均配息率來進行搭配，你可以根據這個月領息組合範例參考規畫，請參表18。

目標二：「月領息收入大於月固定開銷支出」階段組合規畫

- 規畫重點：股債比為三比七，重點在於兼顧穩健及多樣化的投資標的。
- 執行策略：

一、以債養股。

二、一次定期定額＋一次不定期不定額。

- 參考範例投資組合配息率：八．六三％。

這個階段的目標在於追求領息收入能大於或等於月固定開銷支出，而此階段的上班族大都已經工作一段時間，收入增加，但也因為結婚、生子、買房等而增加開銷。這時候的領息目標除了追求收益率最佳的領息收入，本金也累積到一定的數目，所以應開始著重本金的穩定性。

以表19的參考範例為例，在不降低投資組合的配息率條件下，我將股、債

表 18 階段一的月領息組合參考範例

種類	最低投入金額	年配息率（以 2020 年 4 月為準）		組合比例	建議標的投資組合配息率
股票型配息基金：安聯歐洲高息 AM	3000 元	美元	9.03%	42%	8.23%
股債平衡配息基金：安聯收益成長穩定月配	3000 元	美元	9.17%	42%	
月月領配息債券 ETF 組合	1000 元	台幣	3.66%	16%	

表 19 階段二的月領息組合參考範例

種類	年配息率（以 2020 年 4 月為準）		組合比例	建議標的投資組合配息率
股債平衡型配息基金：安聯收益成長穩定月配[1]	美元	9.17%	50%	8.63%
高收益債券基金：聯博全球高收益 AT	美元	8.09%	50%	

註 1：此檔基金中的股票部位約占三分之二，換算投資組合比例 50%，約等於占了 30%。

的投資比例調整為三比七，以減少股價波動的風險。此外，由於本金較大，領息收入也增加，除了可以繳房貸、車貸或子女教育金，剩下來的可支配收入再定期定額投入存股中，例如低交易成本的股票ＥＴＦ，累積一段時間後再丟回本金，養大你的金雞。

目標三：「提早退休」階段組合規畫

- 規畫重點：以債券及台幣計價標的優先，重點在於淨值（本金）波動小，領以息穩定為主。
- 執行策略：

一、設定領息金額，計算出應該準備的最低本金。

二、以債養息，以息滾息。

三、每月一次定期定額或單筆投入。

四、吃飯錢可用年金險保本。

●參考範例投資組合配息率（不含年金險）：七．一八七％。

在這個階段，大部分都是想要提早退休的投資人，有一定金額的本金，比年輕時有更高的工作收入。如果希望能安心地提早退休，設定好能安心退休的數字也是很重要。透過下列公式，可以算出你需要準備多少退休本金。

需準備本金＝每月領息金額×十二個月÷配息率

舉例來說，上班期間的工作收入是每月八萬元，假設沒有其他貸款或子女教育金的壓力，想要提早退休，可以用工作收入的七成作為領息收入目標，也就是月領五萬六千元。如果你的領息收入組合配息率為七％，那麼你需要的本金總額為八百萬元（56,000×12÷0.07＝8,000,000）。倘若有貸款或子女教育金的壓力，則可考慮將領息收入目標設定為和工作收入一樣的水平。

此外，假設你預計在五十至五十五歲退休，因為還不符合政府年金給付（例如勞保）的請領資格，在累積了愈來愈多領息收入的期間，可以將部分領息收入提撥到年金險以息滾息，透過年金險的累積期來累積更多的保本本金。然後在退休時，選擇讓年金險進入給付期。

年金險領息收入和其他領息工具的最大差別，就是給付的年金金額具保本功能，甚至會隨著利率上升而調漲，讓你領一輩子。我們可以把這筆年金收入當做基本保障的吃飯錢，也就是說，就算其他領息工具因為市場波動造成短期淨值或領息收入減少，還是可以靠這筆年金險領息收入保障衣食無缺。等到六十或六十五歲開始領政府年金（例如勞保年金）時，就又多了一份保本的領息收入，雙重保障下，老年生活也能活得安心。

例如一個人從年輕開始工作，到六十或六十五歲時領取勞保年金及勞退新制六％年金，以勞保投保薪資四萬五千八百元估算，大約可領到兩萬元的退休年金給付。以我自己來說，我會把這階段的年金險年金給付金額設定在一個月約一萬元左右，只要能作為保本的吃飯錢就行了。假如年金險的參考換算配息率為三・七%，希望給付期時能月領一萬元，則需準備本金約三百二十四萬元（10,000×12÷0.037≒3,240,000），以此類推。

表20為階段三的月領息組合範例，這裡多了台幣計價的領息工具，可以避免匯率波動的風險。年齡愈大時還可以調整比例，例如多一些債券或特別股，甚至是年金險的比重。雖然這麼做可能因此降低投資組合的配息率，但其實人到六十歲，只希望能安安穩穩過好日子。本金守著，穩健領息，低一點的配息率反而更合適。

打造更勝七%的領息祕招

在第一部介紹的領息四大天王中，除了年金險之外，其他領息天王的最大

表 20 階段三的月領息組合參考範例

種類	年配息率（以 2020 年 4 月為準）		組合比例	建議標的投資組合配息率
高收益債券基金：聯博全球高收益 AT	美元	8.09%	40%	7.187%（不含年金險）
股債平衡型配息基金：安聯收益成長穩定月配	美元	9.17%	30%	
金融特別股	台幣	4%	30%	
年金險	台幣	3.7%[1]		

註 1：年金險的參考換算配息率計算方式，以保險公司進入年金給付期開始領取的年金金額，除以累積期滿總保單價值準備金的大約平均值。未來利率上升或下降也會有所調整。以「新光人壽 EZ Cash 年金險乙型」為例，假設保單宣告利率是 2.03%不變，每年保費 36,000 元，累積到二十年後，保單價值為 881,704 元，五十歲開始每年領 32,670 元，換算出來的配息率為 3.7%（32,670÷881,704×100% ＝ 3.7%）。（資料來源：新光人壽官網）

特色之一就是淨值比股票穩定。但遇到金融風暴時，雖然還是可能讓淨值有較大幅度的下跌，但每單位的配息數多半波動不大。我們反而應該反向思考，這時正是加碼的好時機。怎麼說呢？先來看一下過去領息基金的配息率。

以主動式配息基金「安聯收益成長基金AM穩定月收基金」為例，從歷史淨值來看，當淨值平均在八美元左右時買進，配息率平均為八%；當淨值升到九美元以上時，配息率不到八%；但淨值掉到七美元時，配息率就會上升到九%以上。主動式基金配息率（這裡指的是年配息率）的計算公式是：配息金額÷淨值×12個月，當配息金額不變時，淨值下跌，配息率就會提高；相反的，淨值上漲，配息率就會降低。同樣的邏輯也適用於特別股和債券ETF。

再把時間拉長來看，二〇〇八年十一月的金融風暴，讓聯博全球高收益債基金的淨值如懸崖式下跌，以二〇〇八年十一月二十七日來看，如果我們在當時買進該檔基金，當天淨值為二·八五美元，配息金額為〇·〇二八九美元，換算年配息率為一二·一七%。而該檔基金在二〇二〇年初受到疫情影響，股債大跌的情況下，三月三十日的淨值來到三・一九美元，配息金額為〇・〇二一美元，換算年配息率為八・三一％。

從這兩個個案來看，通常遇到「跌了就買」的時機，表示當下市場出現了不可預期的利空氛圍，但市場總會恢復生氣，這時進場就可以立刻拉高配息率，輕輕鬆鬆就能打造更勝七％的領息組合。

從標準差找低點

但如果投資標的跌跌不休，該怎麼知道已經超跌了？這裡提供一個簡單的方法，只要用統計學的標準差，就可以找出可能已經超跌的機率。

「標準差」是統計學中的一種常態分布情況。從投資來看，假設標準差是一〇％，平均報酬率是六％，未來的平均報酬率約有九九・七％的機率，落在平均報酬率加三倍標準差（6%+3×10%＝36%）以及平均報酬率減三倍標準差

表 21 聯博全球高收益 vs. 安聯收益成長之漲跌幅比較

	聯博全球高收益	安聯收益成長
五年含息報酬率	6.60%	22.25%
標準差	9.95%	11.18%
99.7% 的機率落點	-23.25% 到 36.45% 之間	-11.29% 到 55.79% 之間

（6%－3×10%＝-24%）之間。根據機率統計，一檔投資標的淨值的波動程度，有九九．七%會落在平均報酬率正負三個標準差的範圍裡，也就是說，以上例來看，當市場跌幅接近或超過負二四%，表示已經接近超跌了。而這麼大的波動機率，通常來自於金融風暴或市場急跌。

由此推論，如果平均報酬率六%，其漲跌幅有九九．七%、接近一〇〇%的機率會在負二四%到三六%之間，超過這個漲跌幅度，就可以視為幾乎不可能發生的情況，也就能作為超跌指標的參考。

再以二〇二〇年六月七日上述兩檔基金的五年標準差和含息報酬率為例，查找到的資料如表21。

從表格中可看出兩檔基金漲跌幅的落點區間。

現在再回頭看看二〇二〇年三月，兩檔基金在疫情最嚴重時的表現，安聯收益成長基金在三月二十三日近一年報酬率跌了大約十六．九九％後開始反彈（參圖13），而聯博全球高收益債券基金在三月二十三日近一年報酬率跌了二〇．五八％後開始反彈（參圖14），其跌幅區間與表20的紅色數字差不多。

當市場大跌或發生金融風暴時，投資的氛圍總是很悲觀，大家都深怕會再繼續下跌，更難以掌握何時價格才會止跌。但如果我們善用平均報酬率和三個標準差的計算方式，算出漲跌幅的落點數據，相信更有利於進行客觀判斷，遠勝過許多專家分析的好壞消息。

我們雖然不能買在市場最低點，但可以從一些蛛絲螞跡判斷何時「跌了就買」的概率。如果你想更精準地判斷，第八章將教你如何掌握「跌了就買」的訊號，看懂三景氣指標，掌握加減碼的轉折點，讓你穩操勝券。

圖 13 安聯收益成長基金 2019-2020 走勢圖

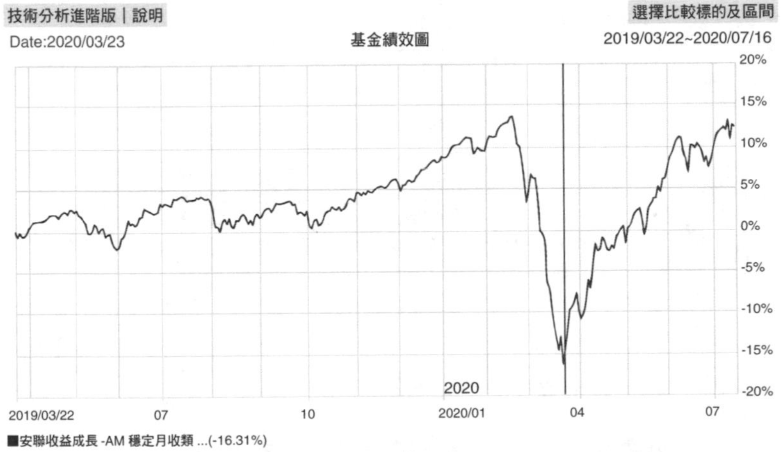

資料來源：MoneyDJ

圖 14 聯博全球高收益債券基金 2019-2020 走勢圖

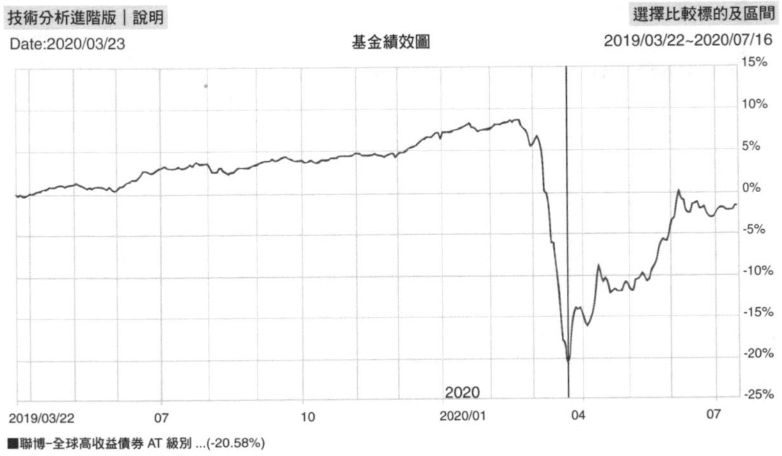

資料來源：MoneyDJ

投資贏家的**領息**小提醒

開始執行領息方案之前，

得先用三個指標檢視財務健康度，

判斷是否足以應付未來市場的波動。

08 看懂三指標，學會加減碼，你也能穩操勝券

在第一部中，領息四大天王的參考範例都是依據二〇二〇年的情況及原則來挑選的，但畢竟市場變化大，現在的淨值、配息率不代表未來的結果。因此挑選領息工具時，盡可能專注於淨值和配息相對穩定的標的，即使遇到金融風暴或系統風險時大跌一波，也能趁勢加碼，簡單來說，就是透過超跌的淨值來提高配息率。

接下來會從總體經濟的角度，看出何時出現買入的訊號。但首先你得理解景氣循環的意義，以及「領先」、「同時」、「落後」三大指標。

認識「景氣循環」的意義

聽過「風水輪流轉」這句話嗎？算命裡也常提到「流年」這兩個字，大概就是指人的一生有好運、壞運、強運、弱運等四種循環。套用到企業經營也是如此，再從企業延伸到市場，總體經濟指的就是國家及整體市場的好運、壞運、強運和弱運等四種循環。從圖15的景氣循環圖來看，應該會更清楚。

什麼是「領先」、「同時」、「落後」三大指標呢？簡單來說，就是用來判斷目前景氣循環正往哪一個階段移動的一

圖 15 景氣循環圖

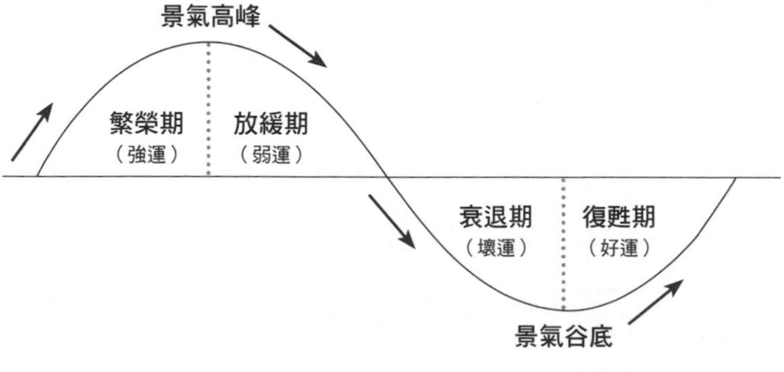

種訊號指標。

「領先指標」反應未來景氣走向

所謂「領先指標」，指的是特定項目透過統計數據所計算出來的參考指標。它會反應出未來數個月的景氣可能的走向。通常我們會透過領先指標和上個月或去年比較，從數據中認定未來的景氣會往上還是往下。

股市指數是一般常見的領先指標，例如S&P 500指數、消費者信心指數、美國ISM（Institute for Supply Management）製造業指數、各國採購經理人指數（Purchasing Managers' Index, PMI）。

「同時指標」看出目前經濟成長狀態

所謂「同時指標」，指的是特定項目透過統計數據所計算出來的參考指標，同步反應出目前企業活動的經濟成長現況。通常我們會透過同時指標和上個月或去年比較，從數據中進而認定目前的景氣是往上還是往下。

如果有數個同時指標往下走，表示景氣可能出現下滑現象。通常領先指標數據若出現疲態，例如股市出現盤整、PMI指數連續幾個月都低於五十以下，同時指標就會晚幾個月反應出疲態。相反的，領先指標若往上，同時指標也會晚幾個月開始走升。

一般常見的同時指標有非農就業人口指數、工業生產指數、製造及貿易銷售額等。

「落後指標」指出過去經濟情況警訊

所謂「落後指標」，指的是特定項目透過統計數據所計算出來的參考指標，它反應出過去的經濟情況。通常我們根據落後指標和上個月或去年的比較，從數據中認定之前的景氣是往上或往下。

落後指標的反轉點通常比同時指標來得晚。如果單從這項指標來看，其資

表 22 常見的三大景氣指標

分類	指標名稱
領先指標	PMI 指數、消費者信心指數、房屋新開工和銷售、貨幣供給額
同時指標	GDP、工業增加值、社會消費品零售總額，固定資產投資、進出口等
落後指標	失業率、存貨銷售比（庫存週期）、通貨膨脹、利率、債券殖利率

訊已經落後了領先指標和同時指標。但也因為這個特性，可以看出是否有即將反轉的機會點。

一般常見的落後指標有失業率、物價指數、利率、上一季的經濟成長率、製造業的存貨銷售比等。例如失業率攀高時，表示已經發生了多於以往的失業人數，這也表示企業裁員人數增加，景氣早就下滑。

一般來說，落後指標的時間會比同時指標趨勢落後得更久些，因為各國主事者會試著用貨幣或財政政策來減緩景氣衰退或過熱的速度。因此，同時指標可能會上上下下，等到景氣確定衰退時，落後指標才會開始出現訊號。例如當景氣大幅衰退時，央行才會開始降息，而如果景氣開始有過熱的跡象，則會調漲利率。

從景氣指標看見「跌了就買」時機

由於本書大部分的領息工具投資區域是全世界，因此我們可以從圖15的景氣循環圖來想像一下。

當全球景氣進入繁榮期時，表示已經成長了一段時間，還未走到高峰，這就好像人正在走強運的感覺，做什麼都會賺錢、都順風順水。一段時間後，過了景氣高峰就進入成長放緩期，也就是市場成長已經飽和，雖然仍然持續成長，但成長幅度下滑，這就像人的運氣由強轉弱。

舉例來說，手機市場從3G時代來到了4G時代，連網速度加快，一開始市場需求旺盛，後來人手一機，需求便由強轉弱，開始從照相功能及螢幕大小的提升來刺激市場需求。等到市場完全飽和、成長停滯時。就進入衰退期，此時需求減緩，廠商庫存增加，業績漸漸走下坡。二〇二〇年，5G時代來臨，又掀起一波換機潮，加上後疫情時代及宅經濟抬頭，線上會議、線上娛樂、直播等廣泛盛行。超高速的網速讓手機市場的需求再度升溫，於是5G的需求創造了新的市場需求，進入了復甦期。

景氣循環會因國家實行貨幣政策或財政政策等而有變化，再加上全球市場的相互影響，大約每三到十年會有週期性的循環。

那麼，我們如何知道目前景氣究竟是向上或向下呢？當經濟市場出現以下情況時，我們就可以判定是出現景氣向上訊號：

一、GDP經濟成長率持續向上。

二、PMI指數超過五十以上，而且維持了一段時間。

三、就業率提高。

四、消費者信心指數連續上升。
五、初領失業救濟金人數減少。
六、零售銷售額大幅增加。

由於此時可能還伴隨著原物料價格上漲、原油和黃金價格走高、生產者及消費者物價指數走高等通膨現象，因此為了維持景氣穩定成長，物價又不至於漲太多，國家通常會希望提高企業的生產力，或藉由升息來降低通膨壓力。

那麼，經濟市場出現哪些情況表示景氣向下的訊號呢？

一、GDP經濟成長率下調或負成長。
二、PMI指數跌破五十。
三、就業率下滑。
四、消費者信心指數連續下降。

五、初領失業救濟金人數大增。

六、零售銷售額先高後低。

由於景氣向下，此時原物料價格下跌，生產者及消費者物價指數會微跌。為了避免景氣下降太快，企業因庫存過多而降低生產力，造成失業率提高，因此，各國通常會採取減稅政策來刺激消費，或者藉由降低企業成本來提高投資意願。

綜合以上說明，我們可以簡單理解，以股市為例，股票大概會在放緩期到衰退期這段時間下跌的機率較高，然後在復甦期及繁榮期、也就是走好運和強運時上漲。而債市通常和股市相關性略有不同，通常是在放緩期及衰退期略優於股市（參圖16）。

那麼，什麼時候會是「跌了就買」的好時機呢？自然就會是落在景氣放緩走下坡到谷底的衰退期。

圖 16 股、債市與景氣循環對照圖

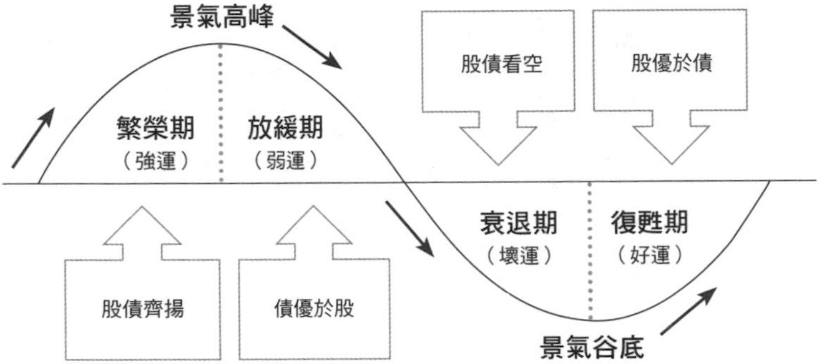

景氣的高峰和景氣的谷底，其實就和人生有高峰與低潮的道理一樣。以二〇二〇年上半年新冠肺炎疫情為例，人與人之間保持安全社交距離，全球幾乎呈現停工狀態，也造成大量的失業潮，全球經濟來到負成長階段，等於直接把景氣打到了谷底。

股神巴菲特說過一句名言：「在恐懼中貪婪，在貪婪中恐懼。」意謂著景氣下滑到谷底，也就是大家恐懼市場大跌的時候，反而是好的買入時機。相反的，景氣上揚到高峰時，就在人們貪婪地想要靠投資發大財的氛圍下，反而是高點賣出的時機。

問題是，怎麼看出景氣已接近高峰而可能往下探，或者景氣已接近谷底而有機會上揚的轉折點呢？我們可用「領先」、「同時」、「落後」三項景氣指標來找出這些關鍵時刻。不過，要想很精準地找到股市最低點或債市最高點是不可能的，通常是從歷史價格發現什麼時候是相對低點，但我們在當下並不知道未來會發生什麼情況，只能找出離高點或低點相對接近的位置。

用景氣三指標判斷風險及轉折點

我們可以根據「領先」、「同時」、「落後」三項指標在景氣循環圖的所處位置，判斷可能的轉折點是否即將出現。一般來說，最具參考的是「領先」和「落後」指標。透過下列假設情況做個分析，你會更加明白。

圖 17 股市、高收益債市下跌的轉折點時機

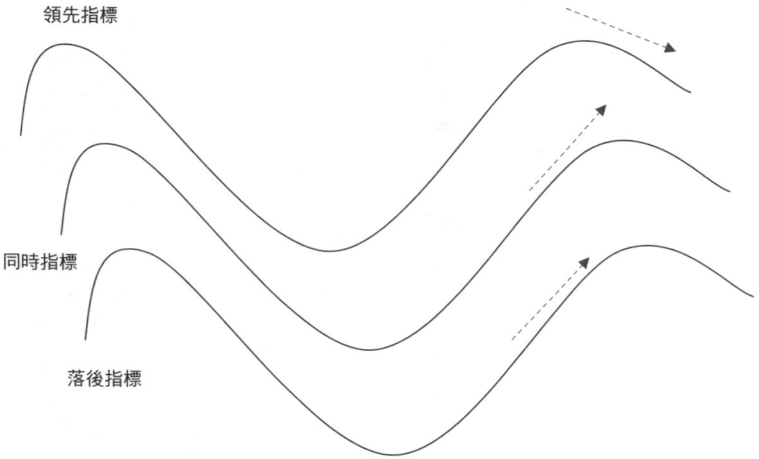

假設情況一：股價持續向上攀升，物價和利率也調漲。由於股價屬於領先指標，當通貨膨脹（物價）、債券殖利率（利率）等落後指標開始上升時，表示股價高點已過，同時指標仍位在上漲的中段，而落後指標才開始要出現高點，這也代表著股市可能即將出現大幅波動（參圖17）。在這種情況下，當落後指標上升時，就有很高的機率出現股市及高收益債市下跌的轉折點。

假設情況二：股市跌深，公

圖 18 股市即將探底、股價可能上揚的轉折點時機

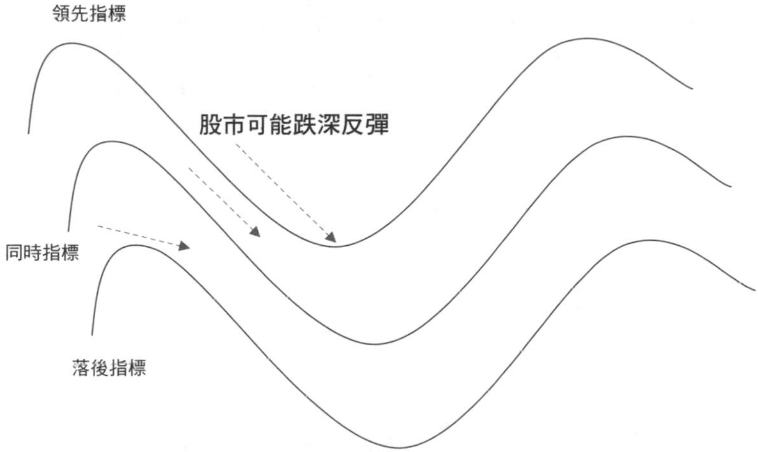

債價格上揚。如果通貨膨脹（物價）、債券殖利率（利率）等落後指標開始下降，表示領先指標已經滑落一段時間，股市可能也經歷了大幅的波動，意謂著股票市場下跌的風險可能快到谷底，股價可能即將走揚（參圖18）。

通貨膨脹及利率趨勢通常呈正相關，當通膨上揚時，利率走勢也跟著上升，反之，利率就會下跌。景氣向上經常伴隨著長期利率走升，公債殖利率也上揚，

債券價格下跌。換言之，當經濟下滑時，因市場需求減少導致企業庫存增加，使得長期利率下降，公債殖利率也下跌，債券價格上揚。

總結來說，如果你投資的是與股票正相關的領息工具，例如高股息股票、特別股、高收益債、新興市場債等，那麼「跌了就買」策略適用於放緩期及衰退期這兩個階段，逢低買進；但如果投資的是公債，則要反其道而行，在復甦期及繁榮期階段，趁著利率走升、公債價格下跌時，逢低買進（參圖16）。

平時可培養自己每天閱讀財經新聞的習慣，大都能找到三大景氣指標的數據。而且只要持續一到三年觀察這些數據，你就能看出其中的邏輯，觀察到景氣高低點的轉折點。為什麼是一到三年？因為你有機會在三年內經歷到市場多頭或空頭的局勢，掌握到客觀的投資方向，也就能對自己的領息投資計畫做出正確判斷了。

最後，我們再回想一下景氣循環圖，它其實也反應了人一生中的強弱運及好壞運循環。既然風水可以輪流轉，市場價格的上上下下也不過是一個漲多了下跌、跌深了反彈的過程。人生不也是如此？看似風光的人生，大都經歷過失敗的經驗，成功的企業家背後也曾有過落魄的時候。

所以，不用羨慕別人，對投資虧損感到害怕其實是因為對自己沒自信、沒安全感，解決的方法就是告訴自己，現在的虧損不是真正的失去，未來還是有機會重新得到，套用在人生也一樣。

自信地規畫你的領息人生，然後採取行動，就對了。

投資贏家的**領息**小提醒

對投資虧損感到害怕

其實是因為對自己沒自信、沒安全感，

解決的方法就是告訴自己，

現在的虧損不是真正的失去，

未來還是有機會重新得到。

結語

領息人生追求的另一種財富

在開始寫這本書的同時，全球正在經歷一場疫情風暴，正好為本書的操作方式做了最好註解。

二〇二〇年初，大多數人仍沉浸在股債市走強、全球一片榮景的氛圍中，許多投資人想著要多賺些錢，但因為爆發疫情，樂觀的情緒變得恐懼。股債市大跌，不少企業倒閉，失業人口不斷增加。

然而寫完本書的六月，疫情尚未結束，股債市卻幾乎快要回到疫情爆發前的價位，這中途有人果決出場，有人逢低進場，也有人裹足不前。猛然回頭一看，發現這不過是市場中的一個小危機罷了。但下一次的金融危機到來時，我們是否還能全身而退？

事實上，要加入投資行列，首先得培養贏的態度，才不會因為金融風暴的大起大落，被上上下下的數據和淨值影響到自己的判斷及決策能力。

因為害怕，就會不斷犯錯

讀到這裡，相信你已經能理解，在不久的未來，領息收入會比財富增長更重要。不僅讓一般人更踏實地擁有提早退休的機會，利用一邊投資一邊領息的方式，也能在人生的黃金時段好好享受人生。隨著年紀增長，人要愈活愈輕鬆而且單純，投資理財當然也要愈來愈簡單。

然而，有很多人一旦看到市場下跌，大腦無法解讀發生本金虧損的真正答案時，便對「未知」產生恐懼情緒，進而影響了行為及下決策的判斷。

所以，當年紀愈接近退休或本金愈來愈大時，就要盡可能鎖定淨值和配息相對穩定的領息工具，這就是本書挑選領息四大天王的中心思想。

可是問題來了，要如何克服市場波動造成的恐懼心理？我從學騎飛輪車得到了啟發。

其實上了一段時間飛輪課後，總會想要挑戰自己的極限。有一回，我決定學小黃老師，試試放開雙手、站立著踩踏飛輪。但我騎的飛輪單車是會隨著擺動而搖晃的，就在我放開雙手不到一秒，我的手又不自覺地想要回到把手上。

這時小黃老師看到了，喝斥一聲：「不要怕，你在怕什麼？」這一叫驚醒了我。對啊，我在怕什麼呢？頂多就是撐不住、坐下來而已。雖然後來我可以放掉雙手，用站姿爬坡的方式騎飛輪的時間多了好幾秒，不過重點是，我已經戰勝了害怕的心理，而習慣去嘗試。

這個體驗放在投資上，也是同樣的道理。市場其實存在你的心裡，當市場大跌，你的領息本金跌多了或領息變少，你會因為害怕萬一跌深的心理因素，下意識地採取找回安全感的動作。通常這個時候會有兩個階段的潛在行為：

一、為了找回安全感的想法會傳到你的大腦，再傳到你的眼睛，主觀地要你專注在找尋支撐市場會反彈的情報，好說服自己還是可以把跌的本金賺回來的。然後，你的專注力會讓你忽略市場正傳達出可能繼續下跌的資訊。

二、當市場繼續下跌，你的恐懼依然存在，甚至加深。為了再次尋求安全感，就算市場已經稍微反彈，你的不安全感會保護自己，告訴大腦最壞的情況還會再發生，現在的反彈正好是停損的時候，於是採取賣出動作。然後就真的虧損了，就算最後反彈回來，你也不想再深究原因，也不會改變原來的做法，下次又犯同樣的錯誤。

用贏的態度開始領息人生

那麼市場波動大的時候，到底該怎麼做才能成為市場常勝軍呢？你得先調整好自己的投資心態，培養贏的態度。

一、為投資學習做足功課，並對自己的投資決策有信心。當你相信和認同所讀到的理論，剩下的就是相信自己的決策。告訴自己，市場波動和短期虧損是再正常不過的事，未來還是有時間重新獲得想要的結果。

二、勇於認錯，然後採取行動。當你客觀分析的結果改變了，而且不如預期，那就勇於調整自己的投資組合配置。因為錯誤不見了，你的安全感也會跟著回來，於是你採取的行動會讓你有足夠本金和自信，找到下一次賺錢的機會。股神巴菲特在二〇二〇年五月的股東大會，便承認自己看錯了航空股，原因是他在疫情嚴重的二月大買了達美航空的股票，在四月認賠賣出，一來一回虧損了約四八%。從這件事我們學到，他勇於認錯並採取行動，正是讓他持續保持贏的態度的原因。

人生真的可以倒著活嗎？只要避開一開始提到的流動性陷阱，並調整好心態，顧好自己的財務健康，知道自己是為了什麼而投資，透過領息收入，有目標地享受人生，不僅達到提早退休的夢想，也有了多采多姿的人生經驗，然後開始認真過著單純、簡單的生活。

事實上，疫情趨緩之後，曾有朋友問我這段時間過得是否順利。我的回答是：「沒有什麼順不順利，只是一直過著自己喜歡的生活，做著自己感興趣的事。」或許，這就是我的領息人生追求的另一種財富。

附錄

完全領息的最佳防護網——失能扶助險

透過領息收入，可以讓人生從一開始就有較充足的財務能力。隨著年紀增長，由於本金愈來愈大，領息收入就像金雞生下的蛋愈來愈多。原本薪水不高的，現在可以靠領息收入幫自己加薪；沒能力買房的，靠著領息收入就能支付房貸；想提早退休或實現夢想的，也能透過領息收入來實現。

但沒有風險嗎？在前面章節中，我盡可能提出各種工具和市場的風險，以及如何透過三指標掌握市場情報，幫助自己規避大部分的風險。唯獨有個風險是在你累積被動收入未達標之前可能碰到的，而這種風險嚴重到可能讓你損失大部分的本金，甚至沒有能力再把錢賺回來，最後可能得尋求救濟。

這個風險就是失去工作能力。事實上，當我們努力工作累積領息收入時，還必須補上失能扶助險，一旦發生失能狀況，每個月就能收到保險公司理賠的生活扶助金，這就好像有了一筆月領息收入一樣，不會中斷。我們常開玩笑說，就當養個保險小孩，當需要被照顧時，它會孝順地按月給你一筆奉養金，完全不用擔心不孝棄養的風險。

失能扶助險——個人資產守護神

我想先分享一位好友的故事，希望藉由她的經歷，讓你體會到失能扶助險的重要。

小玲是我四十歲才認識的好友，她是一個很有保險觀念的女孩，重視家庭的她總是把父母擺在第一位。父親過世後，母親也因病倒下，住進安養中心。

為了能就近照顧，她找了離工作最近的安養中心，以便下班後能去探視。

看到媽媽的狀況，她也動起了幫自己規畫失能險的念頭。因為她知道，這樣的照顧工作如果沒有一份收入，是很容易拖垮家人的。

然而有一天，小玲的姊姊突然打電話給我，說小玲因腦動脈瘤破裂出血，大約在家四小時才被發現，緊急送醫進行手術治療。結果，這個意外讓小玲半身癱瘓，失去語言能力，進入長期失能狀態。手術六個月後，醫生判定小玲一生大概就維持這種狀況，無法復原了。

於是小玲的姊姊安排她住進一個月兩萬多元的安養中心，請了一位外籍看護負責照顧，加起來的費用扣除補助，一個月大約三萬多元。仍然可以思考的小玲每天睜開眼睛只能看著白色天花板，無助的她只能每天以淚洗面。不知何時，她漸漸接受事實，在外籍看護的細心照顧下，三年過去了，她的氣色愈來愈紅潤。

到了第七年，小玲的姊姊說她的保險理賠差不多快用完了，在沒有長期失能理賠金的補償下，再過幾年就得把房子賣了換取現金，才能支撐每個月安養中心的費用和看護費用。

這個故事到二〇二〇年已經邁入第九個年頭，而故事的主人翁故事仍繼續上映，定期去看她的姊姊也七十多歲了。

看到這裡，很多人或許會說，碰到這種情況就不要活那麼久啊。但說實話，當事人根本無法自己做決定，而家人通常也會希望能延長親人的生命。回想起當年和她的對話，她想規畫失能險時，若真的有一份失能扶助險的保障，至少不會淪落到要賣房子的地步，小玲也不用只能聽著姊姊講錢的煩惱，自己卻無能為力。

我常常一有機會就講這故事，因為我知道小玲也會希望我多分享，讓更多人重視自己的健康，並且珍惜當下，做好準備，盡可能不拖累家人。

接下來，我會把失能扶助險當做一種領息工具，跟大家分享一下這個另類領息天王。

人生中重要救命錢

從前面的例子來看，通常發生失能狀況時，第一時間會需要一筆錢來應付醫療開銷，以及收入突然中斷所必須應付的其他必要開銷。大概在治療六個月後，復原到一定程度就可能出院，進入居家療養階段。

所以，失能扶助險就是當身體遭遇到不同程度的殘廢等級，導致終身無法工作、長期需要他人扶助的狀態，保險公司會先給付一次性費用給被保險人，以應付六個月內的大筆開銷，確定失能六個月後，還會按月給付固定金額的生活扶助金。

從投資的角度來看，在二〇二〇年時，如果四十歲女性每個月要有四萬元的利息收入，以年化配息率七％計算，本金大概需要準備七百萬元。而如果是月領四萬元的失能扶助險，一年保費大約二到四萬元，繳費二十年期滿，總繳保費約四十萬到八十萬元。不過投保後若發生理賠事故，不用等到繳完所有保費，理賠立即啟動，保險公司會依殘廢等級比例計算，最高理賠一百至兩百萬元，然後按月給付四萬元。

這樣換算下來的投資報酬率是多少呢？聰明的你不用算也知道差別。這麼划算的交易，大部分的人卻都沒做。也許有人會說這是用身體換來的錢，拿得到卻享受不到。不過這樣的救命錢，能讓你的家人不用因為需要照顧一個失能病人而疲於奔命，也能繼續實現他們的夢想。

足額保障才能有效降低風險

那麼，失能扶助險究竟如何規畫呢？除了一定要同時具備一次給付及按月給付的雙重保障之外，投保時通常以每月領取多少扶助金為依據。考量到未來愈來愈高的醫療成本以及看護費用，失能險保額最好至少三到四萬。從小玲的例子可以知道，如果只投保一萬，那每個月還需自行負擔二到三萬，如此仍會造成家人的負擔，問題並沒有解決。

同樣的，除了自己規畫失能險，最好能連同家人失能時的保障也一併考慮進去。我聽過很多例子，不少人打拚到中年事業有成，最後卻為了照顧失能的家人而放棄現有的工作，導致收入中斷。這種情況仍屬於你的自身風險之一。

另外一個重點是，千萬不要為了最便宜的保費而挑選失能扶助險，反而應該重視保險公司的財務狀況。以前面提到四十歲女性投保四萬元保額的失能扶助險為例，二十年總共繳了八十萬元保費，一次性給付先給了一百萬元理賠，然後直到身故前都還得每月給付四萬元。套用到小玲的個案，一年給付四十八萬，十年就已經給付了四百八十萬元。也就是說，就算繳完了八十萬元的保費，十年下來已經賠付了五百八十萬元（一百萬加四百八十萬）。你說保險公司的財務狀況重不重要呢？

兩大指標看保險公司的財務健康度

想了解自己投保的保險公司財務是否健康，可從兩個指標來檢視。二〇二〇年，金管會曾表示，若資本適足率達二五〇%以上、資產淨值比超過三%，這樣的財務健康度是比較令人放心的。因此，接下來我就進一步說明這兩項指標的概念。

指標一，資本適足率達二五〇%以上：所謂「資本適足率」，簡單來說就是保險公司自有資產和風險性資產的比例。保險公司有四大風險，包括收了保費後投資資產的風險、保險理賠的風險、市場利率變動的風險以及經營風險。把這些風險經過精算後，算出的金額就是風險性資產。而二五〇%就是指自有資產至少要超過風險性資產二五〇%的概念，小於二五〇%，表示保險公司應付未來四大風險的能力相對較弱。

指標二，淨值比三％以上：「淨值比」指的是保險公司的淨值除以扣除分離帳戶後的資產總額，淨值可以視為保險公司的自有資金。所謂分離帳戶，簡單來說，就是獨立於保險公司自有資產以外、屬於保戶所有的資金帳戶。通常淨值比連續兩季不到三％，金管會就會要求保險公司提出改善方案。如果淨值比過低，表示財務槓桿愈高，風險愈大。

關於這兩項指標的數據，可從「保險業公開資訊觀測站」網站中的「財務業務指標」找到相關資料，原則上資訊一季公布一次，可以查找全部公司，或以單一公司逐筆查詢。

總結來說，要選擇有一次性給付及終身按月給付的失能扶助險，在合理的保費範圍內，挑選一家財務健康的保險公司。而且要在還未存夠領息收入前盡早規畫，可以讓投保成本更低。以四十歲女性為例，同樣的保額之下，在二十歲時投保會比四十歲才投保少一半保費，但若在六十歲時投保，大約會比四十歲的保費增加三倍。

也許你會覺得談領息收入講保險很奇怪，但不得不說，看到身邊發生過的許多真實案例，計畫總是趕不上變化。而從風險的角度來看，失能扶助險可說是投報率最高的另類領息工具，不是嗎？

實戰智慧館 484

投資贏家的領息創富術

穩穩領，月月配，年年加薪 7% 賺不停

作　者——郭俊宏

副 主 編——陳懿文
封面設計——萬勝安
行銷企劃——舒意雯
出版一部總編輯暨總監——王明雪

發 行 人——王榮文
出版發行——遠流出版事業股份有限公司
地址：台北市 100 南昌路二段 81 號 6 樓
電話：2392-6899　傳真：2392-6658　郵撥：0189456-1
著作權顧問——蕭雄淋律師

2020年8月1日初版一刷
定價——新台幣 350 元（缺頁或破損的書，請寄回更換）

ISBN 978-957-32-8846-6

ylib 遠流博識網 http://www.ylib.com
E-mail:ylib@ylib.com
遠流粉絲團 https://www.facebook.com/ylibfans

國家圖書館出版品預行編目 (CIP) 資料

投資贏家的領息創富術：穩穩領，月月配，年年加薪7%賺不停／郭俊宏著. -- 初版. -- 臺北市：遠流, 2020.08

面；　公分

ISBN 978-957-32-8846-6（平裝）

1. 理財　2. 投資

563　　109009866